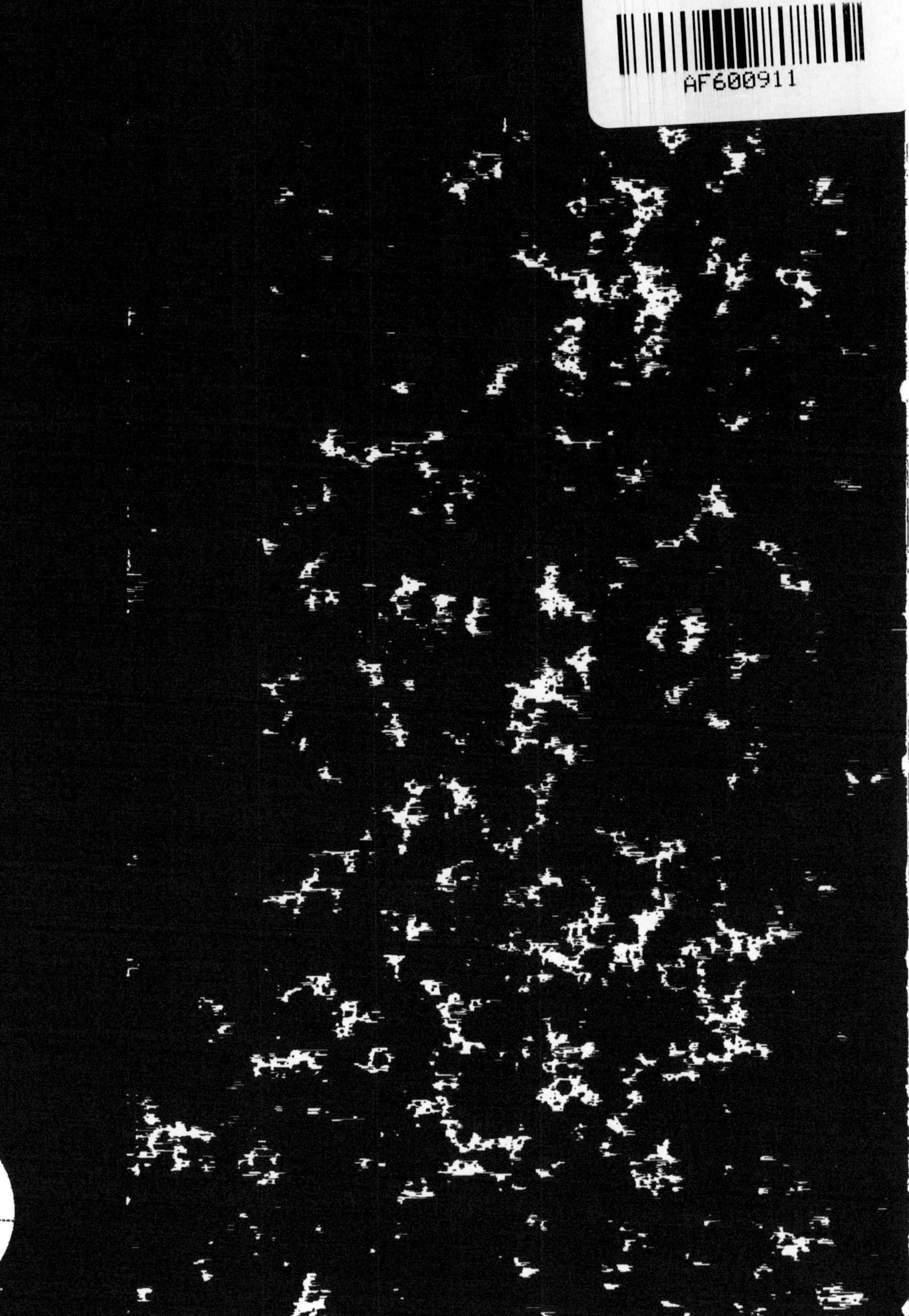

PASSAGE DE L'ARMÉE FRANCAISE
aux ordres du Général Moreau par la fameuse
VALLEE dite *D'ENFER* dans la Foret-noire,
lors de sa Retraite d'Allemagne en Octobre *1796*.

TABLEAUX
HISTORIQUES & TOPOGRAPHIQUES,
OU
RELATIONS
EXACTES ET IMPARTIALES

Des trois Événemens mémorables qui terminèrent la Campagne de 1796 sur le Rhin,

SAVOIR:

LA RETRAITE DE MOREAU,

Avec une Carte typométrique où les marches sont fidèlement tracées;

LE SIÉGE DE KEHL,

Accompagné d'un Plan détaillé des attaques et de la défense de ce Fort,

ET LE SIÉGE DE LA TÊTE-DE-PONT D'HUNINGUE,

Avec un Plan topographique très-étendu de la Contrée, dans lequel se trouvent exactement tracés les travaux de ce Siége, tant de l'attaque que de la défense.

Ouvrage dédié aux Militaires de toutes les Nations, et publié par CHRÉTIEN-DE MECHEL.

A BASLE

1798.

OBSERVATIONS PRÉLIMINAIRES.

LES Éditeurs de cette précieuse Collection, qui intéresse également le Militaire, l'Historien et l'Amateur des Arts, n'ont rien négligé pour lui donner tout le degré de perfection et d'exactitude dont elle étoit susceptible; ils n'ont pas voulu, comme tant d'autres, sacrifier au profit que la nouveauté procure aux productions les plus informes et les plus inexactes, la gloire d'avoir publié un Ouvrage qui portât l'empreinte du vrai, de l'utile, et qui fût vraiment digne de passer à la postérité.

Placés dans une ville neutre, où, spectateurs d'une partie des scènes dont ils présentent le tableau, ils conversoient journellement, sans aucune prédilection, avec les acteurs des deux partis; et cette position jointe à la scrupuleuse impartialité qu'ils professent, et qu'on rencontrera par-tout dans ce recueil, les ont mis à portée d'obtenir des bontés des illustres personnages qui ont rempli de part et d'autre, avec tant de gloire, les premiers rôles dans ces drames sanglans, soit leurs principaux matériaux, soit des corrections et des éclaircissemens qu'on ne sauroit trop apprécier.

Mais dans cette suite si nombreuse d'événemens presqu'incroyables, qui se sont succédés coup sur coup, pendant la guerre la plus étonnante, peut-être, de toutes celles dont le burin de l'Histoire consacrera le souvenir, et dont chaque campagne peut fournir des volumes nombreux, ces mêmes Éditeurs n'ont choisi que les trois principaux, qui d'ailleurs se sont passés le plus près d'eux, et dont ils ont été le plus à portée de vérifier tous les détails, et de se procurer les matériaux de la première source.

Le premier de ces trois grands événemens, c'est *la fameuse Retraite du Général Moreau*. Le célèbre Posselt, dont les divers genres de mérite sont connus, en avoit donné, dans ses Annales, d'après de bons documens, une relation très-bien faite ; un ancien Militaire Suisse, à qui la théorie et la pratique de son métier et les deux langues sont également familières, en a entrepris une traduction libre, à laquelle le Général Moreau lui-même et le Général Regnier, chef de son État-major, ont bien voulu fournir des corrections et des additions, dont il est facile de concevoir le mérite. La Carte typométrique qui l'accompagne, exécutée avec autant de soin que d'habileté par le jeune Haas, a été très-attentivement examinée et scrupuleusement corrigée par le même Général Regnier, et quel autre pouvoit s'en mieux acquitter?

Le second événement, c'est *le Siége à jamais mémorable du Fort de Kehl*, dont le plan, quant à la précision, quant à la beauté, la netteté de l'exécution, quant à l'immensité et à l'exactitude des détails, n'a peut-être pas son pareil, est un don fait par l'illustre et vaillant Héros chargé du commandement suprême de ce siége, au principal Éditeur, de Mechel, qui n'a rien négligé pour se rendre digne d'une ſaveur aussi distinguée, en le faisant graver et enluminer d'une manière aussi neuve qu'élégante.

Le troisième de ces événemens enfin, c'est *le Siége non moins mémorable de la Tête-de-pont d'Huningue*, où tous ceux qui voudront s'instruire de l'art d'attaquer et de défendre les places trouveront aussi de bien bons modèles. Les matériaux de la relation de ce siége, dont les Éditeurs étoient d'ailleurs continuels spectateurs, ont été fournis par les Ingénieurs des deux partis, et le beau plan qui l'accompagne a été levé sur les lieux mêmes, pendant le long armistice qui a suivi la reddition, et avant la démolition, sous les yeux et à l'aide des mêmes Ingénieurs. La vaste étendue de terrein que ce plan embrasse, et qui présente des objets aussi variés qu'intéressans, ont été pareillement levés géométriquement, et rien n'a été négligé pour en faire un morceau digne du sujet et absolument neuf.

Les Éditeurs osent donc espérer que leur travail, où l'appât du bénéfice les a beaucoup moins guidés que l'honneur, aura rempli leur but, et qu'au moins ces trois grands événemens pourront, par leurs soins, être transmis à la postérité la plus reculée, avec une netteté, une vérité, une exactitude et une impartialité, dont les annales militaires offriront peu d'exemples.

Segnius irritant ánimos demiſſa per aurem
Quam quæ ſunt oculis demiſſa fidelibus.
Horat.

AVIS.

Les Éditeurs de cet Ouvrage avoient annoncé qu'il feroit aussi enrichi du Portrait du Général Moreau; mais n'ayant pu, par un effet de la modestie de ce Héros françois, s'en procurer un qui fût ressemblant, ils ont préféré d'y substituer la vue du passage de l'armée françoise par la fameuse Vallée d'Enfer. Cette Vue, vraiment pittoresque et intéressante, servira donc, à la place du portrait annoncé, de Frontispice à la Relation de la Retraite.

Ils préviennent en même temps les Amateurs, qu'on trouve chez l'Éditeur, Chr. de Mechel, quatre belles Vues enluminées, qui ont rapport à cet Ouvrage, savoir:

1.) L'Assaut livré à la Tête-de-pont d'Huningue par les Autrichiens, dans la nuit du 30 Novembre 1794. Prix, argent de France, . . . Liv. 15

2.) Vue de la Reddition et Démolition de la même Tête-de-pont, pendant de la précédente. Liv. 15

3.) Vue pittoresque du Théâtre de la guerre sur le Haut-Rhin, au dessous de Basle. . . Liv. 6

4.) Évacuation de la Tête-de-pont d'Huningue par les troupes françoises. . . . . . Liv. 6

RELATION
DE LA
FAMEUSE RETRAITE
DU
GÉNÉRAL MOREAU
VERS LA FIN
DE LA MÉMORABLE CAMPAGNE
DE M. DCC. XCVI.

Accompagnée d'une Carte typométrique très-exacte des Provinces qu'il a traversées, où l'on a tracé les marches de tous les différens Corps des deux partis qui ont agi dans ce fameux événement, & désigné les lieux où se sont livrés les divers combats avec leurs dates; plus, d'une comparaison de cette Retraite avec celle des Dix-Mille Grecs, commandée par Xénophon.

Traduction libre de l'Allemand du Docteur Posselt, corrigée & fort augmentée par main de Maître.

Publiée par CHRÉTIEN DE MECHEL,

A BASLE.

1798.

RELATION
DE LA
FAMEUSE RETRAITE
DU
GÉNÉRAL MOREAU.

IL ne paroît pas douteux que le Conseil militaire françois qui forma le projet de la Campagne de 1796, si étonnante sous tous ses points de vue, ne l'ait conçu sur le plan le plus colossal auquel l'esprit humain puisse atteindre ; et peu s'en est fallu qu'il n'ait été rempli. Je croirois cependant que cette grande idée n'entra dans le cerveau de celui qui l'en fit sortir, qu'après l'heureux début du jeune et inconcevable Buonaparte dans sa brillante carrière, début qui le met au niveau des plus habiles Généraux, qui, depuis les temps les plus reculés, ont illustré la contrée si féconde en héros, qu'il a soumise à ses armes victorieuses. Suivant ce plan, vraiment gigantesque, trois armées françoises, leur gauche appuyée à la Hollande, leur droite vers Rome, devoient, malgré la respectable barrière du Rhin couverte de quatre forteresses bien munies, malgré les barrières plus formidables encore que leur opposoient l'Appenin, les Alpes Tyroloises, les passages si difficiles de la Forêt-noire, le Danube, et tant d'autres rivières d'un ordre inférieur, le tout défendu par des armées non moins nombreuſes que les armées républicaines, et compoſées de ſoldats très-aguerris par une longue ſuite de campagnes, d'une valeur éprouvée, ſupérieurement exercés et diſciplinés, fournis à profuſion de munitions de guerre et de bouche, une cavalerie qu'on eſtimoit la meilleure de l'Europe, & bien plus nombreuſe que la leur ; armées enfin qui avoient à leur tête des Généraux de réputation, et ſur-tout un autre jeune Héros, né très-près du trône, auſſi ardent qu'intrépide à le défendre : trois armées, dis-je, conduites par Jourdan, Moreau et Buonaparte, devoient pénétrer dans le ſein des Etats héréditaires de la Maiſon d'Autriche, s'y réunir en une ſeule maſſe formidable, et dans cette poſition, dicter les conditions de la paix, ou menacer la Capitale même de la Monarchie Autrichienne. Déjà par des manœuvres ſavantes et des victoires redoublées, entremêlées de quelques revers, qui ne faiſoient qu'irriter le courage des intrépides républicains, la majeure partie de tant d'obſtacles, inſurmontables en apparence, avoient été vaincus ; et chaque jour paroiſſoit approcher ce plan immenſe de ſon entière exécution : déjà Jourdan, par des marches rapides, avoit repouſſé l'armée aux ordres de Wartenſleben, et remontant le Mein, il étoit entré, à travers toute la Franconie, bien avant dans le haut Palatinat, jusques très-près des frontières de la Bohême. Moreau avoit commencé sa brillante campagne par son étonnant passage du Rhin près de Kehl, conçu avec tant de génie, exécuté avec tant d'habileté, d'audace & d'intrépidité ; par-tout le succès avoit couronné ses manœuvres les plus hardies. Après avoir gagné deux batailles en 5 jours, à Rastadt et à Ettlingen, où il lui fut opposé la plus valeureuse résistance ; après avoir poursuivi l'armée vaincue au travers de toute la Souabe, après avoir passé le Danube et le Lech, il étoit parvenu sous les murs de Munich. Les Princes d'Allemagne, à l'exemple de ceux d'Italie, s'étoient hâtés de mettre leurs personnes & leurs Etats en sûreté : ceux que le péril menaçoit de plus près, en recourant à des armistices ; les plus éloignés, à des traités de neutralité ; les millions en numéraire couloient aussi de cette frontière orientale à grands flots vers la France. L'antique constitution Germanique sembloit être parvenue à la dernière époque de son existence. La victoire & les progrès en avant sont à l'ordre du jour dans l'armée françoise. Buonaparte, déjà maître de Trente, menace de pénétrer par le Tyrol dans la Bavière, de s'y accoler à Moreau, tandis que celui-ci prépare sa jonction avec Jourdan sur les rives du Danube. Alors ces trois nombreuses armées françoises ne formoient plus qu'une seule armée des plus imposantes, dont celle de Sambre et Meuse devenoit l'aîle gauche, celle d'Italie l'aîle droite, & celle de Rhin et Moselle le centre. Jamais plan de campagne ne fut plus colossal dans sa conception; jamais il n'en fut qui, jusqu'au moment de toucher au point qui devoit garantir son entière réussite, ait été conduit plus heureusement dans son exécution.

Mais il se trouvoit, comme nous l'avons déjà dit, à la tête de la principale armée autrichienne, qui s'étoit retirée au travers de la Souabe, un Prince plein de talens et d'héroïsme, digne d'être issu de Rodolphe de Habsbourg et de Charles de Lorraine, qui, tout jeune qu'il étoit, avoit passé par l'épreuve des revers et des succès, & se trouvoit par cela même également disposé, soit à soutenir courageusement ceux-là, soit à profiter de ceux-ci dans toute leur étendue. Tandis que, pour mieux masquer son plan, il avoit reculé jusqu'à la rive droite du Danube, près de Donawerth, & qu'il avoit posté une partie de son armée, sous les ordres du Général d'artillerie La Tour, derrière le Lech, il se porte brusquement de sa personne près d'Ingolstadt, sur la rive gauche du Danube; là, il fond à l'improviste près de Teiningen et de Neumarckt, après les marches forcées les plus pénibles, sur le flanc gauche de Jourdan, qui s'étoit fort étendu, le renverse, et effectue, dans une suite continuelle de combats, en se portant jusqu'au-dessous d'Erlangen, et en manœuvrant toujours de manière à prendre l'armée françoise à dos, sa réunion avec l'armée commandée par Wartensleben. Cette manœuvre change totalement la face des affaires; de ce moment, tous les avantages de la supériorité du nombre sont du côté des Autrichiens. La position de Jourdan, de très-menaçante qu'elle étoit, devient très-menacée. En vain il tente la fortune, d'ordinaire si favorable aux François dans les attaques; la bataille de Würtzbourg, qu'avec plus de prudence il auroit évitée, décide une fois pour toutes sa retraite, qu'il effectue, au milieu d'un pays soulevé par le peu de discipline de ses troupes, avec la rapidité d'une fuite. Il y avoit à peine un mois que, par des progrès non interrompus, il se trouvoit posté tout contre les frontieres de la Bohême, et, ce mois révolu, il se voyoit de nouveau enfoncé sur le Bas-Rhin, dans la proximité de Düsseldorff. Ce même Jourdan, ce vainqueur de Wattigny et de Fleurus, ce Général sur lequel la République avoit, avant l'ouverture de la campagne, fondé ses plus superbes espérances; à qui Paris, comme à un autre Agamemnon, avoit consacré des fêtes, dépose à présent son bâton de commandement, et, s'enveloppant de l'obscurité d'une vie privée, va chercher une retraite dans Limoges sa ville natale.

Qu'on juge par les dispositions de l'ame du Général, de celles de l'armée!

Dans quelle position se trouve alors Moreau? Isolé, privé de toute espèce de communication avec la France, et même avec toute autre armée françoise, il conserve, je dirois presque, l'audace d'un aventurier : tout éloigné qu'il est de plus de cent lieues de chez lui, menacé en front, sur ses aîles, et déjà même à dos, par des Corps Autrichiens, en présence desquels il est forcé de faire sa retraite ; ayant des fleuves à traverser, des montagnes à franchir, et un passage à se frayer au travers de gorges étroites, regardées comme impraticables. Presque par-tout l'étranger le regarde comme perdu ; les Ministres Anglois ont paru croire très-sérieusement que son armée ne pouvoit manquer d'être prise avec la même facilité que l'on prendroit une de ces hordes de vagabonds connus sous le nom de Bohémiens.

D'un autre côté, Buonaparte, quoique toujours victorieux, toujours supérieur à tous les événemens, avoit été forcé de renoncer au projet de pénétrer à travers le Tyrol, & tandis que la gauche de cette triple armée, qui s'étoit trouvée au moment de se réunir, étoit déjà derrière la Sieg, la droite avoit rebroussé jusques vers Mantoue. Mais le centre, ou plutôt Moreau à la tête de l'armée de Rhin et Moselle, gardoit encore une contenance ferme dans la Bavière. Il sembloit qu'il vouloit attendre, avec cette armée à peine de 50,000 hommes, que presque toutes les forces autrichiennes en Allemagne se fussent réunies contre lui sur toutes les directions, et se fussent emparées de tous les passages par lesquels il étoit forcé d'effectuer sa retraite.

Toute retraite vers un point fort éloigné est déjà, par elle-même une des opérations les plus difficiles de la guerre ; mais ici toutes les difficultés ordinaires dans les autres guerres se présentoient sous des proportions colossales : éloignement très-considérable, communication coupée avec son pays : derrière soi, nul autre chemin qu'à travers des passages étroits, déjà barricadés par d'énormes abattis, et garnis de troupes et d'artillerie : en front et en flanc, de nombreux corps ennemis, dont une partie revenoit de la poursuite d'une des armées françoises, et menaçoit actuellement de cerner et détruire entièrement l'autre. Mais ce n'étoit pas tout encore : Moreau avoit en outre contre lui le danger tout particulier que, soit animés par l'avidité du butin, soit enflammés par un esprit de vengeance, soit pour empêcher qu'au moins cette armée-ci ne puisse remettre de nouveau le pied en Allemagne, les paysans de plusieurs, mais surtout de la plûpart des plus rudes contrées de la Souabe, ne se préparassent à lui faire une petite guerre, ce qui expose toujours à nombre de périls toute armée qui ſe retire. La première des ſcènes de ce genre venoit de ſe paſſer vers le Rhin.

Pour former le blocus de Philipsbourg, le Général Scherb étoit campé depuis la fin de Juillet, près de Bruchsal, avec la 68e demi-brigade, et n'ayant en tout, tant en infanterie qu'en cavalerie, qu'un peu plus de 2500 hommes. Il fut peu inquiété dans les commencemens par la garniſon de Philipsbourg. Les deux armées françoiſes en Allemagne y faiſoient, ſans diſcontinuer, des progrès rapides, et l'on annonçoit chaque jour des renforts conſidérables, qui devoient venir de la Vendée récemment pacifiée faire les ſièges des fortereſſes ſituées ſur le Rhin. Mais ces renforts n'arrivoient point; on a vu d'ailleurs comment la fortune qui accompagnoit les armes françoiſes en Allemagne, ſe tourna contre elles et leur fit eſſuyer un premier échec près de Teiningen et de Neumarckt; dès-lors les revers ſe ſuccédèrent avec la même rapidité qu'auparavant les victoires. A cette époque, les garniſons de Manheim et de Philipsbourg ſe mirent à tenter des courſes toujours plus éloignées, toujours plus hardies. La route principale par laquelle le Général Moreau avoit juſqu'alors reçu ſes munitions de guerre étoit celle qui conduit de Strasbourg, par Dourlac et Pfortzheim, à Stoutgard; cette même route avoit auſſi ſervi à conduire les contributions de la Souabe en France. Mais déjà les partis de Philipsbourg s'aventuroient jusques sur cette même route entre Dourlac et Pfortzheim, et jusqu'à ce dernier endroit. De ce moment, chaque convoi particulier de munitions pouvoit être regardé par celui qui le conduisoit comme une campagne en petit qui lui devenoit personnelle. Il falloit sans cesse qu'une portion des petites garnisons françoises des villes où le convoi passoit l'accompagnât ; chemin faisant on y rencontroit quelquefois un parti autrichien sorti de Philipsbourg ; alors on se battoit jusqu'à ce que les chariots pussent passer librement, ou qu'une partie en eût été enlevée.

En peu de temps l'état des choses avoit totalement changé. Après que le dernier coup décisif eut été porté à Jourdan, l'Archiduc Charles détacha le Colonel Meerfeld, de Karaiczai, avec 14 escadrons pour se joindre aux garnisons de Manheim et de Philipsbourg. Ce corps d'armée devoit, sous les ordres du Feld-Maréchal-Lieutenant Petrasch, jusqu'alors Commandant de Manheim, enlever ou chasser le corps très-foible du Général Scherb, près de Bruchsal, s'emparer du poste important de Kehl, et manœuvrer ensuite sur les derrières de Moreau. Mais quoique Francfort fût déjà occupé de nouveau par les Autrichiens, Scherb se tenoit encore toujours, avec sa poignée de monde, près de Bruchsal ; sa position étoit, exactement en petit, ce qu'étoit en grand celle du Général en Chef de l'armée de Rhin et Mofelle. Non-feulement il avoit vis-à-vis de lui un corps de troupes autrichiennes fort fupérieur, mais encore derrière lui la guerre étoit devenue une affaire populaire. La Régence épifcopale de Spire, réfidente à Bruchsal, avoit, à la vérité obtenu de Moreau (le 28 Juillet) une neutralité, pour laquelle elle avoit promis de payer 400,000 livres en efpèces fonnantes, et pour la valeur de 200,000 livres en denrées. Cette contribution devoit dès lors être levée individuellement fur chaque lieu, et c'étoit aux troupes françoifes elles-mêmes à s'en procurer la rentrée. Dès lors tous les villages fitués dans la proximité de Philipsbourg firent caufe commune avec la garnifon de cette fortereffe. Inftigués par fon Commandant le Colonel Scal, ftimulés par leurs prêtres et par leur propre intérêt pécuniaire, ils prirent les armes. Les François fçurent à la vérité fe maintenir encore dans deux combats très-vifs, les 4 et 9 Septembre, où ces payfans combattirent dans les files des Autrichiens, près d'Obftadt; mais pour lors le Général Petrafch, qu'avoit joint, dans l'entrefaite, le Colonel Meerfeld avec fa cavalerie, fe mit en mouvement pour aller, après s'être réuni à la garnifon de Philipsbourg, attaquer de tous les côtés, le 14 Septembre à la pointe du jour, le Général Scherb. Celui-ci, prévenu de ce deffein par des transfuges, put se retirer de Bruchsal encore avant minuit. Cependant les Autrichiens occupoient déjà, sur ses derrières, le village de Grombach, qu'il étoit obligé de traverser. Après un combat opiniâtre, Scherb réussit à se frayer un passage. Le lendemain encore ayant rencontré de nouveau, vers le matin, les Autrichiens près de Weingarten, il fut également obligé de se faire jour les armes à la main pour continuer sa route par Dourlac; tandis que son arrière-garde étoit continuellement aux mains avec un corps autrichien incomparablement supérieur, sur-tout en cavalerie, qui le suivoit pied à pied. A peine étoit-il hors de Dourlac qu'il entendit retentir à ses oreilles, en avant de lui vers Carlsrouhe, le bruit d'une fusillade très-vive, et mêlée même de coups de canon: c'étoit un gros corps de troupes autrichiennes commandé par le Colonel Klein, qui, à la faveur de la forêt attenante, appelée Hartwald, étoit déjà parvenu à s'approcher de cette ville entièrement ouverte, et dont les rues très larges embrassent une étendue assez vaste; mais les deux foibles détachemens françois qui s'y trouvoient, l'un comme garnison, l'autre que Scherb venoit d'y jetter pour la renforcer, y firent une défense tellement opiniâtre, que les Autrichiens, qui avoient déjà pénétré dans la ville par une des barrières, en furent rechassés, et que le Colonel Klein fut forcé de se poster militairement ſur la route qui mène à Mühlbourg, d'où il ſe mit à tirer ſur la ville avec du canon et des obuſiers. Le Général Scherb profita de cet intervalle pour diriger bruſquement ſa marche ſur Ettlingen, enſorte que les Autrichiens, qui raſſembloient toutes leurs forces pour aller l'attendre derrière le ruiſſeau de Mühlbourg, perdirent, par cette manœuvre, la route qu'il ſuivoit. Pour lors il parvint, n'étant plus inquiété qu'à ſon arrière-garde, à 9 heures du ſoir, à Raſtadt, où il amenoit avec lui ſon petit corps de troupes, tous ſes équipages, ſes bleſſés et une centaine de priſonniers.

Les frontières françoiſes vers le Rhin ſe trouvoient alors dégarnies de troupes ; toutes les forces diſponibles avoient été ſucceſſivement envoyées à la ſuite des armées d'Allemagne, pour les renforcer. Le commandement de Landau avoit été confié au Général Mareſcot, un des premiers Ingénieurs que poſſédoit la République ; mais le total des troupes qui occupoient une place frontière de cette importance, en même temps que les lignes de Germersheim, ſe montoit à peine à 3000 hommes. A Strasbourg ſe trouvoit le Général Moulins ; mais il avoit tout au plus le monde néceſſaire au ſervice le plus indiſpenſable de la place. Sur la rive allemande du Rhin, le Général Scherb avoit actuellement formé un camp en avant de Kehl, avec les troupes qu'il avoit ramenées de Bruchsal. Plus haut, dans Fribonrg, étoit le Général Tholmé, fort d'un peu plus de 1000 hommes, en y comprenant les troupes qu'il avoit dans sa proximité. En un mot, sur toute la ligne immense, depuis Germersheim à Huningue, le long de la rive gauche, et de Kehl à Lœrrach, le long de la rive droite de ce fleuve, il se trouvoit à peine en totalité 9000 hommes de troupes françoises.

Le moment ne pouvoit jamais être plus favorable pour reprendre Kehl, le seul poste fortifié des François sur la rive droite du haut Rhin. Cette opération, en cas de réussite, jettoit Moreau dans le péril le plus éminent où jamais aucun Général d'armée se soit trouvé. Les François une fois dépostés et chassés de l'autre côté du Rhin, et leurs ponts détruits sur un point d'une pareille conséquence, rien ne devenoit plus facile que de détruire aussi le pont d'Huningue; pour lors toute retraite vers l'autre rive du Rhin étoit barrée à l'armée de Rhin et Moselle. On savoit en outre, par expérience, combien déjà le repos de l'Empire avoit à souffrir, et quel puissant avantage les François tiroient pour leurs opérations militaires du point d'appui que leur donnoit Düsseldorff sur la rive droite du Rhin. Et qu'est-ce que Düsseldorff, quant à la position, en comparaison de Kehl? De Kehl autrefois un fort respectable, aisé à rétablir, la tête du pont de Strasbourg, ſitué tout vis-à-vis d'une des premières places de guerre de France, dans une contrée riveraine du Rhin, ſituation d'autant plus favorable aux progrès d'une armée, qu'elle ſe trouvoit dans le point de réunion de deux grandes routes, l'une appelée la *Rheinberg-Straſs*, la route montueuſe du Rhin; l'autre la route du *Dauphin*, et tout près de là, deux entrées principales dans la Souabe, la Vallée de la *Kintzig*, et la Vallée de la *Renchen*. Enfin il faut ajouter encore à tout cela qu'une conquête auſſi importante offroit, d'après les circonſtances d'alors, une très-grande facilité. Kehl n'étoit plus, à proprement parler, un fort; il ne montroit alors que les débris de ce qu'il avoit été. Les François s'étoient portés trop rapidement en avant dans l'Allemagne; ils avoient trop peu ſongé à la poſſibilité d'un revers de fortune auſſi bruſque, pour s'être fort hâtés à conſtruire les ouvrages dont ils ſe propoſoient de le fortifier de nouveau. On n'en appercevoit guères encore que les premières baſes: et les fortifications de Kehl ſe réduiſoient encore toujours à quelques redoutes et à quelques batteries.

En conſéquence de cet état de choſes, le Général Petraſch ſe hâta de ſe porter avec ſon corps d'armée ſur ce point; Kehl devoit être enlevé de vive force; la nuit du 17 au 18 Septembre avoit été déſignée pour ce grand coup. Les poſtes avancés, compoſés de 3 bataillons, de 3 compagnies

de

de Serviens, et d'une divifion de Huffards de Blanckenftein, devoient, fous les ordres du Colonel Klein, entreprendre une fauffe attaque fur la rive gauche de la Kintzig, tandis que la grande attaque s'exécuteroit par le régiment d'infanterie hongroife de l'Archiduc Ferdinand. Des payfans affidés devoient guider 1600 hommes de ce régiment, commandés par le Lieutenant-Colonel Ocskay et le Major Dallos, de manière qu'en débouchant du village de Marle, ils coulaffent le long de la digue du Rhin pour pénétrer par les retranchemens des François, qui n'étoient pas encore achevés dans cette partie, jufqu'au pont du Rhin, s'y maintenir avec une partie de leur monde, tandis que l'autre iroit tourner les retranchemens de la Kintzig, qui fe trouvoient terminés, y prendre, à dos, le camp françois placé derrière et faciliter aux troupes aux ordres du Colonel Klein, qui s'avanceroient vers la rive droite de la Kintzig, l'entrée dans ces retranchemens. Le refte du régiment fut partagé en deux moitiés, dont l'une commandée par le Colonel Pongracz, devoit, pour foutenir les colonnes plus avancées, s'arrêter au bord du Rhin, à l'endroit où commençoient les retranchemens des François ; l'autre, aux ordres du Major Bufch, avoit ordre de fe porter de Marle, par Suntheim, fur la grande route, vers le village de Kehl. Cette attaque, qui commença avant jour, obtint le ſuccès le plus complet. Déjà les Autrichiens avoient emporté le village de Kehl : 600 François avoient été faits priſonniers ; pluſieurs avoient été tués ; le reſte avoit été pouſſé juſqu'à la tête-de-pont du Rhin : entre cet ouvrage et le pont de bateaux, la majeure partie avoit même déjà gagné l'autre bord ; un ſeul bataillon aux ordres de l'Adjudant général Ramel ſe défendoit encore dans la petite ville de Kehl : il ne manquoit plus, pour s'aſſurer la conquête permanente de ce poſte important, que d'avoir amené une ſeule pièce de canon, qui auroit détruit la partie du pont la plus voiſine. Mais dans la vigoureuſe réſiſtance que les François avoient oppoſée à l'attaque des Autrichiens, des deux Chefs des colonnes qui avoient percé, l'un, le Lieutenant-Colonel Ocskay, avoit été fait priſonnier, l'autre, le Major Dallos, étoit mortellement bleſſé ; une partie de la troupe étoit pareillement hors de combat, une autre étoit occupée à emmener les priſonniers, un grand nombre d'autres, s'abandonnant à trop de ſécurité, s'étoient répandus dans les maiſons pour y butiner. De leur côté les François, avec tout ce qu'ils avoient pu ramaſſer de troupes dans Strasbourg, étoient venus de nouveau fondre avec toute l'impétuoſité républicaine, par le pont du Rhin, ſur la rive qu'ils paroiſſoient avoir abandonnée : 300 tirailleurs qu'on avoit envoyés en toute diligence pour renfort, et qui arrivèrent au moment le plus décifif à la tête-de-pont, contribuèrent le plus efficacement à la reconquérir; on s'y battit à l'arme blanche : le fabre et la bayonnette décidèrent le combat, et ce fut dans le village de Kehl qu'il fut le plus terrible. Un grand nombre d'Officiers du régiment du Prince Ferdinand furent tués, bleffés ou faits prifonniers, ce qui augmenta le défordre, et ce régiment fut complettement repouffé. Un bataillon de Manfredini qui s'avançoit par Neumühl, tenta vainement une feconde attaque : Kehl refta dans la poffeffion des François. Le commencement de cette fanglante journée avoit été auffi décidément malheureux pour eux que fa fin devint funefte aux Autrichiens. Le bataillon de Manfredini fit monter fa perte à 18 morts, et le régiment de Ferdinand la fienne à 632 hommes tués, bleffés et faits prifonniers.

Plufieurs Militaires inftruits attribuent le fuccès des François, dans cette affaire, à la pofition que les troupes amenées par le Général Scherb avoient prife en avant de la Kintzig; Kehl fut pris avant que la 68e demi-Brigade fut attaquée : ce corps fe trouva entièrement entouré; plutôt que de fe rendre, il réfolut de fe faire jour et marcha fur deux colonnes pour s'approcher du pont. Les Autrichiens, qui occupoient Kehl, fe trouvant attaqués à l'improvifte par derrière, furent obligés de marcher du côté de la Kintzig. Ce fut précisément dans ce moment-là que les troupes rassemblées à Strasbourg arrivèrent, de manière que les Autrichiens, attaqués de tous les côtés, quoique par des troupes inférieures en nombre, furent mis en désordre; et leur réserve, qui étoit trop éloignée pour arriver à temps, fut entraînée dans la retraite.

Il est à remarquer que ces troupes rassemblées à Strasbourg, qui se trouvoit sans garnison, n'étoient proprement que les grenadiers, les chasseurs et les canonniers de la Garde nationale sédentaire, avec un bataillon formé et armé à la hâte, composé des ouvriers des différens atteliers des administrations militaires. Il est certain que c'est graces au calme intrépide du Général Sifcé et à l'opiniâtre fermeté de la 68e demi-Brigade; graces au zèle et aux talens du Général Schauenbourg, qui se porta sur le champ au lieu du danger; graces aux mesures prises par le Général Moulins pour faire organiser et envoyer promptement des secours, que le fort et le pont de Kehl, qui avoient été à deux doigts de leur perte, furent conservés aux François. Mais il faut dire, à la louange des deux partis, qu'il s'est donné peu de combats plus sanglans et plus terribles, et où les combattans des deux côtés aient déployé autant de courage. Celui-ci dura sept heures, pendant trois desquelles on se battit corps à corps dans les rues de Kehl, et l'on s'y tiroit à bout portant ; un Officier d'artillerie, françois, reçut à la fois un coup de bayonnette et un coup de feu de la même arme : on en vint même jufqu'à fe prendre aux cheveux. On peut juger que la perte fut confidérable de part et d'autre.

Moreau avoit bien prévu, déjà dans le temps qu'il fe maintenoit encore dans la Bavière, que l'Archiduc Charles enverroit des partis détachés qui remonteroient le long du Rhin, et pourroient menacer le pont près de Kehl, qui formoit fa principale communication avec la France. Il avoit non-feulement déjà communiqué en conféquence au Général Scherb les inftructions les plus précifes fur la manière dont il devoit, en ce cas, exécuter fa retraite de Bruchsal ; mais il avoit encore, dans le dénuement de troupes où fe trouvoient les frontières de la France vers le Rhin, fait paffer l'ordre à quelques mille hommes de fon armée d'aller renforcer le pofte de Kehl. Mais le corps du Général Petrafch étoit déjà parvenu devant ce pofte, et ce même Général, informé de la marche d'une divifion françoife, avoit auffi-tôt détaché, fous les ordres du Lieutenant-Colonel d'Afpre, deux bataillons vers Ober-Kirch et Oppenau, pour, avec un gros renfort de payfans, y occuper les paffages qui ferment l'entrée de la Vallée de la Renchen, et par de forts abattis en rendre l'accès impraticable, tandis que le Colonel de Meersberg, avec trois divisions de cavalerie, éclaireroit et couvriroit la contrée d'Offenbourg. Après la malheureuse issue de l'attaque de Kehl, ce petit corps parut pouvoir d'autant mieux suffire à cette destination que tous les paysans de l'Ortenau et de l'Evêché de Strasbourg étoient venus se réunir à lui, et s'étoient en même temps organisés militairement, par compagnies et par escouades, faisant le service partout avec la plus grande vigilance; allant en parti lorsque le cas échéoit, et se chamaillant avec les postes avancés des François, enlevant tous les couriers et tous les soldats isolés qui, ne sachant point encore que ces passages avoient été pris par les Autrichiens, venoient y tomber de l'armée de Moreau; ces paysans en un mot faisoient la petite guerre la plus active. Quant à Petrasch, il partit avec son corps des environs de Kehl, et marcha par Ettlingen, Pfortzheim et Weil, vers la Forêt-noire, pour y occuper les passages par lesquels Moreau étoit obligé de faire sa retraite. En même temps il manœuvroit sur les derrières du Général françois, envoyoit des partis sur toutes sortes de directions dans la partie centrale de la Souabe; tous les petits détachemens françois répandus çà et là se virent forcés de se retirer à la hâte, soit vers Huningue, soit par Ulm, à la grande armée, ou à se rendre prisonniers. Le butin que firent les partis de Petrasch fut assez considérable. Ils prirent les effets de l'Hôpital militaire établi à la Solitude, quelques Hôpitaux ambulans, les équipages de quelques Officiers et Commissaires, et environ 200 chevaux de remonte. On prétend qu'il y avoit sur-tout parmi les équipages de ces Commissaires, une partie des rapines dont ils ont été si amèrement taxés; reproches dont même quelques Officiers supérieurs n'ont pas été tout à fait exempts.

A cette même époque, toute communication de Moreau avec le Rhin lui étoit absolument coupée; les seules Gazettes Allemandes l'avoient informé que l'armée de Sambre et Meuse avoit été repoussée au de-là de la Lahn, jusques derrière la Sieg. L'Archiduc Charles, qui étoit ainsi parvenu au point d'abattre les forces de Jourdan, se rabattit en arrière vers le haut Rhin, et se hâta d'accélérer, dans toute son étendue, l'horrible crise où Moreau devoit inévitablement tomber. Il laissa derrière lui un corps d'armée de 36000 hommes, entre la Lahn et la Sieg, aux ordres du Feld-Maréchal-Lieutenant Wernek; indépendamment d'un corps de réserve d'environ 5000 hommes campé au bord du Mein, aux ordres du Lieutenant-Feld-Maréchal Sztarray; et lui marcha, en corps d'armée, avec tout ce qui lui restoit de troupes vers le haut Rhin.

Moreau s'étoit bien attendu, comme nous l'avons vu, que les Autrichiens l'inquiéteroient sur ſes derrières, afin d'intercepter ſes communications avec la France ; et croyant dans les commencemens n'être harcelé que par de petits partis, il ne s'en allarmoit guères : mais ces mouvemens s'opéroient avec des forces impoſantes, que la jonction de l'Archiduc alloit encore groſſir conſidérablement, et tandis qu'il croyoit que par là toutes ſes iſſues vers le Rhin, à travers la Forêt noire, alloient lui être fermées, il s'apperçut encore qu'on le menaçoit auſſi du côté du Lac de Conſtance, le ſeul rempart qui, dans ce cas, pouvoit encore le couvrir et vers lequel il pouvoit ſe porter.

Loſqu'il marchoit en avant pour pénétrer dans la Bavière, et que, conformément au grand plan de campagne, d'après lequel l'armée de Rhin et Moſelle devoit ſe réunir ſur les confins du Tyrol avec l'armée d'Italie, la diviſion commandée par le Général La Borde, qui avoit paſſé le Rhin à Huningue et ſe trouvoit à préſent aux ordres du Général Tarreau, depuis que La Borde avoit été ſuſpendu, couvroit ſon aîle droite, et après s'être emparée de Kempten, le 24 Août, avoit dirigé ſa marche ſur Fueſſen, d'où elle menaçoit de pénétrer, par la vallée du Lech, dans le Tyrol ; pendant qu'un plus petit corps, ſous les ordres du Général de Brigade Paillard, paroiſſoit vouloir, en prenant par Lindau et Bregentz, ſe frayer la même route par l'Arlberg antérieur. Mais ces deux corps, fur-tout celui de Paillard, étoient extrêmement foibles; cependant ils avoient d'abord forcé le Général Frölich de fe retirer dans les gorges de la Vallée du Lech. Mais le Général Comte de Saint-Julien avoit été détaché de l'armée autrichienne d'Italie avec 7 bataillons et 2 efcadrons, et s'étoit porté du côté d'Immenstadt, tant pour couvrir le Tyrol, que pour fe mettre en mefure d'attaquer, conjointement avec les Généraux Wolff et Frölich, ces mêmes corps fous les ordres des Généraux Tarreau et Paillard, deftinés, comme on a déjà dit, à flanquer la droite de l'armée de Moreau; et le dernier des deux avoit de plus contre lui une autre armée très-redoutable dans les payfans de l'Arlberg antérieur. Il avoit même été déjà forcé (le 13 Septembre) par Frölich, après un combat, d'abandonner les environs de Fueffen fur le Lech, et d'aller prendre une nouvelle pofition entre Kempten et Immenftadt. Là Frölich l'attaqua pour la feconde fois, (le 17 Septembre) le battit, et l'obligea de fe retirer de nouveau, après une perte confidérable en tués et en prifonniers; il le pourfuivit jufqu'à Ifny, où ils en vinrent à un troifième combat des plus opiniâtres. Ce ne fut qu'après s'être battus avec acharnement pendant quatre heures, que la victoire fe décida en faveur des Autrichiens, fort fupérieurs en nombre, après que Frölich, qui avoit fait paffer du monde par deffus des montagnes et à travers des bois, fut parvenu à prendre les François à dos et par leurs deux flancs. Une troupe de leur infanterie, restée enfermée dans les bois, fut, pour la majeure partie, fusillée ou sabrée par les paysans. Les Autrichiens firent 507 prisonniers et prirent deux pièces de canon, et non 8 obusiers, comme il est dit dans la Relation, car Tarreau n'ayant que deux pièces de 8, deux pièces de 4, et un obusier, ne put pas en perdre 8. Les combats que le Général Paillard eut à soutenir avec sa poignée de monde, à peine de mille hommes, dans un poste près de Bregentz, ne furent pas moins vifs. Il avoit, à la vérité, dans une variété de succès tantôt contraires, tantôt favorables, su se maintenir dans sa position; mais les deux corps françois, qui occupoient cette contrée, couroient également risque d'être finalement enveloppés et détruits par le Général Frölich, de beaucoup plus fort qu'eux; et si la chose arrivoit, le Général Moreau, qui n'ignoroit plus que les passages qui conduisent par les montagnes de la Forêt noire, vers Kehl et Fribourg, étoient au pouvoir des Autrichiens, se trouvoit encore menacé vers le Lac de Constance, le seul point d'appui à la faveur duquel il pouvoit, à tout événement, se porter sur Huningue.

Cependant il ne se décida point encore, malgré la crise où le jettoient toutes ces circonstances, à une entière retraite, mais seulement à ne plus rester aussi éloigné des frontières de France, et à prendre une position plus concentrée, en même temps qu'il se rapprocheroit de l'Archiduc Charles, mettant par ce moyen l'armée de Sambre et Meuse en mesure de reprendre l'offensive. D'ailleurs, du moment que le Général Buonaparte, au lieu de pénétrer dans le Tyrol, pour se réunir à lui, par la nouvelle tournure que les choses avoient prise en Italie, se retrouvoit devant Mantoue, il n'étoit plus sollicité, par aucun motif, à se maintenir plus long-temps dans la Bavière, où le Général La Tour ne paroissoit avoir d'autre vue que de l'y amuser, ayant, dans ces derniers temps, presque toutes les fois qu'il avoit cherché à le combattre, eu grand soin de l'éviter et de lui laisser le champ libre.

Il choisit, pour une pareille position concentrée, celle que lui présentoit la rivière d'Iller, son aîle droite appuyée au Lac de Constance, et son aîle gauche à la ville d'Ulm, qui, en tant que place forte, est commandée par les hauteurs qui l'avoisinent; mais qui n'en est pas moins un poste militaire très-tenable pendant un certain temps. Cette position paroissoit devoir lui assurer le triple avantage de pouvoir de là détacher un corps qui lui r'ouvrît, en même temps qu'il les lui couvriroit, ses communications avec la France; ou d'attaquer avec avantage les forces que l'Archiduc avoit rassemblées pour agir contre lui, ou enfin, si l'armée de Sambre et Meuse parvenoit à reprendre l'offensive, de pouvoir se porter sur l'ennemi commun avec toutes ses forces.

Lorsque Moreau prit ce sage parti, l'armée françoise se tenoit encore en Bavière, sur la rivière de Paar. Elle quitta cette position dans la nuit du 19 Septembre pour entrer, par une marche retrograde, en passant la rivière de Lech, dans la Souabe. Le centre et l'aîle droite la traversèrent près d'Augsbourg, sur les ponts de Lechhausen et de Friedberg, l'aîle gauche prit par Rain; les avant-postes restèrent encore dans leur position sur la rive droite du Lech, en Bavière. Le Général La Tour, trompé par des marches en avant que les François avoient faites les deux jours précédens, et par une attaque simulée sur Schrobenhausen, crut que leurs mouvemens tendoient à l'attaquer, et recula en conséquence, ce qui fit gagner à Moreau plusieurs marches sur lui.

Les premiers soins du Général françois tendirent à bien assurer ses deux flancs; mais avant de faire son mouvement de retraite, pour aller prendre la position de l'Iller, il avoit envoyé le Général Desaix du côté de Nuremberg, jusqu'à Heydeck, et tenté par là d'intercepter les communications de l'Archiduc Charles, afin de le forcer à revenir en Bavière, et de mettre l'armée de Sambre et Meuse en mesure de reprendre l'offenfive. Lorfqu'il vit que ce mouvement ne pouvoit remplir le but qu'il s'étoit propofé, par la raifon que le Prince Charles tiroit alors fes munitions de la Bohême, il rappella le Général Defaix, réunit l'armée à Neubourg, marcha droit fur Aicha et Schrobenhaufen, força le Général La Tour à s'éloigner, et commença fon mouvement pour fe retirer fur l'Iller.

Le Général Montrichard fut détaché de Friedberg le jour que l'armée fit fa retraite fur le Lech. Le Général Defaix avoit été fuivi par le Général Nauendorff, qui, voyant que le projet des François de faire leur retraite ne paroiffoit plus douteux, n'héfita pas à faire un mouvement fur Ulm; dès le 19 Septembre il avoit fon quartier général à Pappenheim, et pouffoit fes avant-poftes jufques vers Gœppingen et Geiflingen. Moreau, informé de ce mouvement, donna ordre en conféquence au Général Montrichard de fe rendre avec quatre bataillons et deux régimens de cavalerie, à marches forcées, fur Ulm, de s'emparer de cette ville et des ponts du Danube, et d'éloigner les avant-poftes de Nauendorff.

Afin de mettre en fûreté la divifion du Général Tarreau vivement menacée, entre le Lech et le Lac de Conftance, par le Général Frölich, il donna ordre au Général Ferino de fe porter avec une brigade fur Memmingen, tandis que le brave Général Abatucci partiroit de Landsberg pour aller, d'un pas rapide, fondre fur les Autrichiens en les prenant à dos. De fa perfonne il marcha, avec le gros de fon armée, dont une partie de Rain, par Wertingen et Burgau, et l'autre, d'Augsbourg par Wettenhaufen et Weiffenhorn, derrière l'Iller, vers Ulm, où il fe campa le 24 Septembre, fur les hauteurs attenantes à cette ville.

Les forces autrichiennes, qui s'étoient jufqu'alors maintenues vis-à-vis de lui dans la Bavière, l'avoient déjà pourfuivi, fur plufieurs directions, du plus près qu'il leur avoit été poffible. Le Général La Tour, qui s'étoit avancé le 22 Septembre au-delà du Lech, fe trouvoit en totalité dans la Souabe, fe dirigeant fur Meitingen, Wertingen et Burgau; fur fon aîle gauche marchoit le corps de Condé, réuni au Général Mercantin, fe portant d'Augsbourg, par Ursberg, fur Ulm. D'un autre côté, le Général Nauendorff s'étoit avancé avec fon corps fur la rive gauche du Danube, au-delà de Heidenheim, avoit repouffé, entre Gœppingen et Geiflingen, deux partis de 50 chevaux chacun envoyés d'Ulm, tant pour favoir de fes nouvelles, que pour reconnoître les troupes qui étoient fur la route de Stoutgard, et avoit établi fon quartier général, le 24 Septembre, à Langenau, fur cette même rive gauche du Danube, fe joignant, par ce mouvement, à l'avant-garde de La Tour, qui, fous les ordres du

Général Baillet, étoit entré le même jour à Leipheim, sur la rive droite de ce fleuve.

Pendant que Moreau appuyoit son flanc gauche à Ulm, le Général Ferino, qui s'étoit porté d'Augsbourg vers Memmingen, afin de dégager la division du Général Tarreau, fortement pressée par le Général Frölich, avoit complettement rempli son objet. Après un combat livré à ce dernier le 22 Septembre, près de Memmingen, où celui-ci venoit à sa rencontre avec son aîle droite, il alla passer l'Iller près d'Aitrach. Le Général Paillard, après s'être souvent battu avec des succès variés, près de Bregentz, pour ne point être coupé de la grande armée, avoit déjà évacué, à la hâte, cette ville le 23 Septembre, ensuite Lindau, et s'étoit joint à Tarreau. Après une suite de petits combats, ces deux Généraux réussirent enfin à se réunir, près de Zeil, au corps du Général Ferino, qui s'avançoit à leur secours. L'armée françoise de Rhin et Moselle se trouvoit donc, le 24 Septembre, placée sur une même ligne, au bord de l'Iller, appuyant son flanc gauche à Ulm, tandis que sa droite s'étendoit par delà Zeil, du côté de Wangen, vers le Lac de Constance.

Nous avons vu plus haut que lorsque Moreau s'étoit décidé de prendre cette position concentrée, il n'étoit encore nullement résolu de se retirer tout à fait; que néanmoins il avoit voulu, en la prenant, pour s'assurer contre tout événement, se rapprocher davantage des frontières de France ; mais qu'il entroit aussi pour le moins autant dans son plan, au premier mouvement que l'armée de Sambre et Meuse pourroit faire de rechef en avant, de tomber aussi-tôt de nouveau, avec toutes ses forces ainsi concentrées, sur le Général La Tour. Mais le danger des circonstances où il se trouvoit actuellement embarrassé, danger qui, de jour en jour, devenoit plus pressant, le détermina à l'issue d'un conseil de guerre tenu dans Ulm, à une entière retraite.

Il ne recevoit plus de France, ni directions, ni nouvelles. Lui-même pouvoit tout aussi peu y en faire parvenir des siennes, tous les couriers qu'il dépêchoit étant enlevés, soit par les avant-postes autrichiens, qui patrouilloient tout autour de lui, soit par les paysans. Il continuoit pareillement à ne rien apprendre de l'armée de Sambre et Meuse : mais il pouvoit inférer de reste de l'énergie avec laquelle les Autrichiens le poursuivoient actuellement lui-même, sur toutes les directions, que les forces de cette armée devoient nécessairement être tombées dans un état d'épuisement qui ne laissoit pas d'espoir de lui voir reprendre son activité. Ainsi ce n'étoit plus que sur sa propre armée qu'il pouvoit désormais compter.

Mais cette armée avoit, dans le cours d'une campagne des plus actives qu'on connoisse, essuyé

de

de ſi grandes diminutions, tant par les marches les plus pénibles, que par plus de cent combats, dont une partie très-ſanglants, et pas un qui n'ait été au moins enſanglanté, et fait en morts, en priſonniers, en bleſſés ou malades, des pertes ſi conſidérables, que la totalité de ſa maſſe entière, telle qu'elle ſe trouvoit alors dans l'intérieur de la Souabe, abſtraction faite des troupes laiſſées ſur le Rhin, ne ſe montoit certainement pas au-delà de 45 mille hommes. Ajoutons que chaque individu qu'on lui tuoit dès-lors lui cauſoit une perte irréparable, n'ayant plus de renfort à eſpérer. Il ne conſommoit pas un tonneau de poudre qui ne dût lui fournir matière à réflexion, vu que ſa proviſion de munitions une fois épuiſée, il étoit impoſſible de lui en faire parvenir de nouvelles (*). On peut juger que ſi dans un pareil état de choſes, il ſe laiſſoit porter un ſeul échec de la nature de ceux que Jourdan avoit eſſuyés coup ſur coup, ſon armée étoit en danger d'être preſqu'entièrement détruite, et la République françoiſe, après une campagne auſſi étonnante, qui ſembloit l'avoir élevée au faîte de la puiſſance

---

(*) La quantité de poudre qu'amenoit encore avec elle la colonne de paſſé mille chariots qu'il fit paſſer à Huningue, par la route des villes foreſtières, prouve qu'il avoit ſu s'en pourvoir, vraiſemblablement en Bavière, et dans les villes Impériales de la Souabe. Mais il manquoit d'argent, de ſouliers, de bas, et de bien des choſes eſſentielles. *Note du Traducteur.*

et du bonheur, retomboit, en peu de jours, dans une crise des plus épouvantables. Car non-seulement ses frontières auroient été pour lors en proie à ses ennemis du dehors, mais la faction, si difficile à comprimer, des Terroristes, attendoit, dans l'intérieur, avec une féroce impatience, le moment de la défaite entière de Moreau, qu'elle regardoit comme indubitable, pour organiser une nouvelle explosion révolutionnaire, dans le même esprit de celle qu'avoient engendrée les désastres de Dumourier dans la Belgique, et qui se manifesta le 31 Mai 1793. Il faut avouer que leur calcul avoit atteint un haut degré de vraisemblance.

Voici quelles étoient les forces qui s'étoient réunies à cette époque contre Moreau. En avant de lui, il avoit le Général La Tour, qui le suivoit pied à pied dans tous ses mouvemens, et qui, moyennant les renforts qu'il avoit récemment reçus de l'intérieur de l'Autriche, et en y joignant les deux corps de Condé et de Frölich, réunissoit 34,000 hommes sous son commandement: sur la rive gauche du Danube, Nauendorff, à la tête de 12,000 hommes, s'étoit porté sur le flanc gauche de l'armée républicaine; sur ses derrières, le Général Petrasch occupoit les entrées de la Forêt-noire avec 10,000 hommes. Et déjà l'Archiduc Charles s'étoit de nouveau reporté du Bas-Rhin au-delà du Mein, et avançoit avec une colonne de 10,000 hommes, pour menacer de rechef Kehl et le pont du Rhin. Avec son armée de 45 mille hommes, Moreau avoit ainsi contre lui une masse de 66,000 hommes des meilleures troupes de l'Europe, indépendamment du nombre impossible à déterminer de ses ennemis non régulièrement organisés, savoir les paysans. On voit par là qu'abstraction faite de ces derniers, les forces avec lesquelles il se retiroit étoient avec celles qui le poursuivoient dans la proportion de 1 à 1 1/2, ou de 2 à 3.

Dans une position aussi disproportionnée, il avoit pour lui deux avantages, que son habileté lui fit mettre à profit : le premier, c'est que tandis qu'il manœuvroit tantôt sur la rive droite, tantôt sur la rive gauche du Danube, il tenoit les Autrichiens dans une continuelle incertitude sur le véritable plan de sa marche ; le second, c'est qu'ayant concentré ses forces, il pouvoit, par ce moyen, en porter chaque fois toute la masse sur le point qu'il falloit ; au lieu qu'au contraire les forces autrichiennes, en partant de tant de directions diverses, n'agissoient contre lui que par des mouvemens épars, et perdoient par là cette supériorité de poids qu'ils auroient eue, s'ils n'eussent formé qu'une seule masse.

L'intention du Général La Tour étoit de le gagner de vîtesse, dans la direction de Stockach, et de le serrer au Rhin le plus haut qu'il pourroit, afin de l'empêcher par là de pouvoir gagner la vallée de la Kintzig et Kehl. Pendant qu'il s'avançoit en conféquence avec le gros de fon armée, le 26 Septembre, vers Weiffenhorn, et que fon aîle gauche, aux ordres du Général Mercantin, fe portoit à Babenhaufen, le Général Baillet marchoit en même temps avec l'avant-garde, en côtoyant la rive droite du Danube, vers Ulm, où fe trouvoit une garnifon françoife que commandoit le Général de Brigade Eickenmeyer, et fur la rive gauche de ce fleuve arrivoit encore, des hauteurs d'Elchingen, le Général Nauendorff, fur cette même ville. Il en réfulta pour lors une canonnade des plus vives, tant contre la ville que de deffus fes remparts: ce feu ne difcontinua que dans la nuit du 26 au 27 Septembre, que les François évacuérent, en grand filence, Ulm, où les Généraux Nauendorff et Baillet entrèrent dès le lendemain matin (*).

Moreau s'étoit retiré, dans ces entrefaites, vers Biberach, où fon Quartier général arriva le 26 Septembre, et le furlendemain toute l'armée

---

(*) Les Généraux La Tour et Nauendorff avoient attaqué Ulm fur les deux rives du Danube, et voulurent l'emporter de vive force, fans pouvoir y réuffir: une tête de colonne parvint même jufqu'à l'avancée et fut repouffée avec perte.

Moreau fit faire un double féjour à fon armée après ce combat, pour que les deux Généraux autrichiens ne puffent pas fe flatter d'y avoir eu le moindre avantage. *Note fournie.*

françoiſe prit la poſition de la Rieſs. Le Général Deſaix ſe plaça, avec l'aile gauche, entre le Danube et le Lac appelé Federnſée. Les trois diviſions du centre, aux ordres du Général Saint-Cyr, furent placées près de Steinhauſen, dans la proximité de l'Abbaye de Schuſſenried, et ſur le flanc droit ſe trouvoient les corps des Généraux Ferino, Tarreau et Paillard, qui, depuis leur jonction près de Zeil, s'étoient portés par Wurzach et Waldſée entre Baindt et Ravensbourg, ſur la rivière de Schuſſen, d'où ils couvroient le grand point d'appui que préſentoit le Lac de Conſtance.

Cette ſeconde poſition que Moreau venoit de choiſir, lui procuroit l'avantage d'un plus grand rapprochement des frontières de France, et celui d'une concentration plus reſſerrée de ſes forces: ce dernier avantage étoit d'autant plus eſſentiel pour lui, que, tant à cauſe des payſans, qui en uſoient hoſtilement par-tout où ils pouvoient le faire avec ſuccès, qu'à cauſe des partis qui voltigeoient ſans ceſſe autour de lui, il étoit dans l'impoſſibilité de faire prendre les devants à ſon parc d'artillerie, qui étoit conſidérable, ni à ſes gros équipages, qui compoſoient plus de 500 voitures, et ne pouvoient cheminer que ſous l'eſcorte d'une partie de l'armée, ce qui devoit néceſſairement ralentir beaucoup ſes marches. Auſſi le Général La Tour, qui d'abord étoit reſté de quelques journées en arrière, avoit déjà regagné ce retard, et le ferroit fans ceffe de plus près. Il s'étoit, dès le 29 Septembre, avancé en corps d'armée, de Laubheim vers Biberach ; le jour fuivant il pouffa fon avant-garde par Steinhaufen jufqu'à Schuffenried, où l'on en vint à un combat. Les François foutinrent leur arrière-garde avec les trois divifions du centre placées derrière elle ; bientôt l'on fe battit avec la plus grande opiniâtreté, et l'affaire s'étendit fur toute la ligne. Le Général Defaix fut attaqué à l'aile gauche des François, entre le Lac Févernfée et le Danube ; et les corps réunis des Généraux Ferino et Tarreau, le furent près de Ravensbourg. La Tour, qui s'étoit avancé lui-même en toute diligence pour foutenir fon avant-garde, fut, à la vérité, fe maintenir près de Steinhaufen ; mais les François reftèrent auffi de leur côté fermes dans leur point central de Steinhaufen : Ferino avoit remporté, à leur aile droite, quelqu'avantage fur Frölich, et Defaix avoit fait, en repouffant leur aile gauche, environ 300 prifonniers.

Cependant La Tour reftoit toujours dans la même proximité de Moreau, ce qui, non-feulement gênoit déjà beaucoup celui-ci dans fa retraite et la rendoit périlleufe ; mais comme Nauendorff s'étoit, dans cet intervalle, porté d'Ulm, par Blaubeuren, Urach et Tubingen, vers les gorges de la Forêt-noire, il couroit encore le danger, s'il ne parvenoit pas à repouffer le corps d'armée de La Tour à une beaucoup plus grande distance de lui, de rencontrer précisément vers le point où sa retraite devoit nécessairement devenir plus difficile et plus critique qu'elle ne l'avoit encore été, savoir, au pied des montagnes de la Forêt-noire, toutes les forces des Généraux autrichiens, réunies pour le prendre en front, en flanc, et à dos.

Rien ne pouvoit le garantir de ce danger que la ressource audacieuse d'une bataille : ce n'étoit qu'en obtenant sur La Tour une victoire décisive qu'il pouvoit espérer de le chasser assez loin de lui, pour gagner le temps et l'espace nécessaires pour effectuer sa retraite en bon ordre, et sans être débordé sur ses ailes. Il résolut en conséquence, pour le 2 Octobre, une attaque générale sur toute la ligne autrichienne. Son aile gauche, sous le Général Desaix, se porta sur Biberach, attaqua d'abord l'aile droite des Autrichiens, et la força de plier, tandis que le Général Saint-Cyr exécutoit son attaque sur le centre près de Steinhausen, avec une telle impétuosité, qu'après un combat des plus opiniâtres, celui-ci fut aussi culbuté. Le succès fut complet du côté des François. La Tour fut poursuivi jusques bien avant dans la nuit, et se retira, à tire d'aile, par Biberach, vers l'Iller. Cette journée lui avoit coûté, outre un grand nombre de tués et de blessés, 3500 prisonniers, dans le nombre desquels se trouvoient 63 Officiers, 2 drapeaux, et 18 pièces de canons. Le succès auroit été plus complet, si les estafettes qui portoient les ordres au Général Ferino fussent arrivés assez à temps, pour qu'il eût pu exécuter le mouvement qui lui étoit prescrit de se porter de Ravensbourg, par Waldsée, derrière le flanc gauche du Général La Tour, et par là, de le séparer entièrement du Général Frölich. D'un autre côté, la prudence que Moreau réunit éminemment à l'habileté et à la valeur, le retint au fort de ses succès, et l'empêcha de les pousser plus loin.

Le Général Moreau se procura par là la gloire infiniment rare, d'avoir remporté, dans sa retraite, une victoire qui surpassoit même celles auxquelles il avoit dû ses progrès en avant. Il ne perdit pas un instant pour mettre rapidement à profit, dans toute son extension, cette sûreté temporaire que la bataille de Biberach lui accordoit; car cette victoire seule ne suffisoit point encore à l'entière sûreté de la retraite qui lui restoit à effectuer : environné d'ennemis sur le revers des montagnes de la Forêt-noire, qui, en nombre considérable, se préparoient à lui interdire tout passage à travers leurs gorges étroites presqu'impossibles à forcer; tandis que l'Archiduc Charles, avec une partie de son armée, se mettoit en mouvement pour arriver sur le haut-Rhin, et menaçoit de détruire les ponts établis ſur ce fleuve ; il falloit que Moreau employât encore d'autres coups de force pour ſurmonter tant de difficultés. Cependant le Général Nauendorff s'étoit avancé, le 1 Octobre, de Tubingen à Hechingen, et formoit actuellement, par ſa jonction avec le corps du Général Petraſch, poſté au-deſſus de Schramberg, une chaîne de troupes forte de 23,000 hommes, laquelle s'étendoit juſqu'à la ſource du Danube. Ce Général s'étoit mis en poſſeſſion des poſtes de Villingen, Donaueſchingen et Neuſtadt : même les quatre Villes foreſtières étoient occupées par de petits partis autrichiens qui, joints aux payſans armés, faiſoient des courſes dans toute l'étendue de pays qui ſe trouve entre les ſources du Danube et les frontières de la Suiſſe. Ce fut au point que le Général Joba, que Moreau avoit envoyé, le 5 Octobre, pour reconnoître un camp, à Irndorff, non loin de Friedingen, ſur le Danube, fut enlevé par une troupe de cavalerie légère de Lobkowitz. De cette manière, le Genéral Moreau ſe voyoit encore coupé dans toutes ſes communications.

Il s'étoit, juſqu'au 7 Octobre, retiré, partie par Buchau, Sulgau, et Mœſskirch, partie par Schuſſenried, Altſchhauſen et Pfullendorff, ſur les hauteurs de Friedingen et de Stockach.

Ce fut là qu'il ſe fit enfin r'ouvrir un chemin par les quatre Villes foreſtières. Comme il ne s'étoit fait voir de ce côté là que de petits partis autrichiens, une demi-Brigade, qui escortoit les chariots de munitions et les blessés, parvint, sans grandes difficultés, à se frayer un passage.

Il fit en même temps passer sur la rive gauche du Danube la partie de son armée dont il n'avoit pas un besoin indispensable pour tenir en respect le Général La Tour, lorsque celui-ci, comme il y avoit lieu de le présumer, reviendroit, après avoir rallié ses troupes dispersées, se rapprocher de lui : ce passage s'effectua près de Munderkingen et Riedlingen, d'où il se porta par Zwiesalten et Vœringen, sur Winterlingen. Il repoussa en arrière, les 5 et 6 Octobre, près d'Ebingen et de Strasberg, les avant-postes du Général Nauendorff, qui se tenoit avec son corps près de Hechingen, après quoi il marcha, en franchissant le Heuberg, et pénétrant par la Vallée de Spaiching, vers Rothweil. Pour lors Nauendorff se porta vers Schemberg, et son avant-garde, commandée par le Général Oreilly, s'avança par Bahlingen, pareillement vers Rothweil. Il en résulta un combat très-vif dans la plaine de Rothenmunster, près d'Ebingen, où les Autrichiens furent repoussés par-delà Rothweil, et eurent 140 cuirassiers faits prisonniers avec leurs chevaux. Les François prirent possession de Rothweil, et deux jours après du poste de Villingen, à la suite d'un second combat, où ils prirent 2 pièces de canon et 140 chevaux légers de Karaickzay.

Pendant ce temps là, l'armée de Moreau, s'étoit, ainsi que nous l'avons vu, portée en avant sur la hauteur de Friedingen et Stockach. Ce fut de là que partit ce grand convoi surveillé et couvert par les Généraux Ferino, Tarreau et Paillard, lequel prit par Thengen, Stuhlingen, le long de la Wutach, et de là, par les quatre Villes forestières, pour se rendre à Huningue. Ce convoi, composé de tous les blessés, des munitions de réserve, de tous les vivandiers et des gros équipages, formoit un total de quelques mille voitures. Le reste de l'armée, pour gagner Fribourg, en marches concentrées, s'avança, le 9 Octobre, par Tuttlingen, sur Donaueschingen.

Présentement il restoit encore à Moreau la grande opération de forcer les gorges de la Forêt-noire. Il y avoit urgence, car déjà le Quartier général de l'Archiduc Charles s'étoit avancé jusqu'à Renchen, quelques détachemens de ses troupes étoient même entrés dans Fribourg le 8 Octobre, après que le Commandant François, le Général Tholmé eut eu évacué cette ville, dans la nuit précédente (*), et environ 300

(*) Je ne saurois ici passer sous silence les éloges que les habitans de Fribourg ont fait retentir au loin de la conduite humaine et désintéressée dont ce Général en avoit usé envers eux, pendant son commandement, et de la bonne discipline qu'il a fait obser-

Hussards de Blankenstein, ayant poussé leur course jusqu'au vieux Brisach, y avoient enlevé près de 70 soldats françois.

Le projet de Moreau étoit de rétablir sa communication avec Kehl, et d'occuper et maintenir en même temps les passages qui le rendoient maître des entrées de la Souabe intérieure. Mais les chemins des Vallées de la Kintzig et de la Renchen, qui pouvoient conduire le plus directement vers ce but, étoient déjà fermés par une masse trop forte de troupes autrichiennes, pour lui laisser l'espoir de se faire jour au travers. Ainsi il ne lui restoit plus à prendre que la route de Neustadt à Fribourg. Mais cette route lui présentoit une des gorges les plus propres à inspirer l'effroi. Lorsqu'on a traversé la petite ville de Neustadt, de la dépendance du Prince de Furstemberg, l'on parvient bientôt à une crevasse qui se prolonge sur une longueur de deux lieues, entre deux parois de rochers très-élevés, souvent à pic, qui, dans divers endroits, ne sont séparés que de 10 à 12 pieds l'un de l'autre. On nomme

---

ver à sa troupe. Aussi lui firent-ils les adieux les plus touchans. C'est ainsi que le Général Desenfants, qui commandoit, dans ces mêmes temps, à Lœrach et à Weil, a laissé dans le cœur des habitans de ces deux endroits, qui ont tant souffert des malheurs de la guerre, un souvenir qui leur sera long-temps bien cher. Il s'est pareillement fort distingué à la défense de l'ouvrage à corne de la tête-de-pont d'Huningue. *Note du Traducteur.*

cette crevaſſe, où coule un ruiſſeau abondant en truites, l'*Enfer*. Là, où elle s'ouvre tout à coup vers Fribourg, dans une contrée fertile et d'une beauté tout à fait romantique, eſt ſituée une auberge appelée le *Paradis*. Si jamais il y eut de la hardieſſe à vouloir forcer le paſſage de cette gorge, ce fut ſur-tout, ſans aucun doute, à un Général qui, en front, en flanc et à dos, étoit entouré et preſſé par ſon ennemi, et, ce qu'il y avoit de bien plus difficile encore, de paſſer par une pareille fiſſure de rochers, avec toute une armée. On ſait qu'en 1702 l'Electeur de Bavière, alors allié de la France, fit la propoſition au Maréchal de Villars, de paſſer, avec des troupes, par cette Vallée. „ La Vallée, près de Neuſtadt, „ lui répondit ce Général, par laquelle Votre „ Alteſſe me propoſe de diriger une marche, „ ſe nomme la Vallée de l'Enfer, et moi, (par- „ donnez l'expreſſion) je ne ſuis pas aſſez Diable „ pour y paſſer (*).

Le Général Républicain entreprit ce que le Général de Louis-le-Grand n'avoit pas voulu hazarder. Il fait ſortir le centre de ſon armée hors de la ligne, et ſe porte en avant pour aller, en traverſant Neuſtadt, attaquer avec impétuoſité, le corps autrichien qui occupoit la Vallée d'Enfer, ſous les ordres du Lieutenant-Colonel d'Aſpre.

(*) Vie du Maréchal de Villars &c. écrite par lui-même, et donnée au Public par Mr. Anquetil. Tome I.

Il étoit composé de deux bataillons d'infanterie, savoir un d'Olivier Wallis, l'autre du Corps franc de Laudon-Verd, outre quelques centaines de cavaliers. Avec cette agilité, cette souplesse qui, jointes à l'intrépidité, les rend si redoutables dans les guerres de montagnes, les François gravissent toutes les tortuosités, toutes les saillies de rochers, sur les deux côtés de la gorge. Le Lieutenant-Colonel d'Aspre est griévement blessé d'un coup de feu à la poitrine; sa troupe, après avoir beaucoup souffert, (le bataillon de Laudon-Verd perdit une pièce de canon, et 400 hommes faits prisonniers ou blessés) fut forcée de se retirer en grand désordre sur Emmendingen. Le jour suivant, 12 Octobre, vers midi, le centre de l'armée de Rhin et Moselle entroit déjà dans Fribourg; ses ailes droite et gauche qui, dans ces entrefaites, avoient continué, celle-là à faire tête vers Tuttlingen au Général La Tour, et celle-ci, près de Rothweil et Villingen, aux Corps des Généraux Petrasch et Nauendorff, se réunirent alors et passèrent la gorge les 12, 13 et 14 Octobre sans interruption, et sans la moindre perte, pour se rendre à Fribourg, tandis que, dans le même temps, les gros bagages et l'artillerie de réserve, avec les corps de Tarreau et de Paillard, sous la protection de l'aile droite, après quelques petits combats que leur arrière-garde livra au Général

Frölich, filoient sans aucun empêchement, par les quatre villes forestières, vers la tête-de-pont d'Huningue.

Ainsi Moreau se retrouvoit donc de retour sur le Rhin, après avoir effectué une des retraites les plus difficiles qui se soient jamais faites, avec une sagacité, un courage et un bonheur qui associeront son nom à ceux des plus grands Capitaines. Non-seulement il parvint à ramener une armée, pour la destruction de laquelle tout sembloit s'être conjuré, depuis les portes de Munich, passant et repassant nombre de rivières, gravissant les montagnes les plus âpres, traversant les forêts les plus sauvages, et franchissant même cette fameuse gorge d'Enfer, en bon état jusqu'à ses frontières: mais il la ramenoit encore chargée de trophées qu'il avoit cueillis chemin faisant, comme malgré lui; 2 drapeaux, 18 canons, et 5000 prisonniers, dont plus de 70 Officiers. „Jusqu'à présent „ presque toutes les retraites, quelques célèbres „ qu'elles soient, lui mande à cette occasion le Mi„ nistre de la guerre, n'étoient dans le fond que des „ défaites colorées. Quelle est différente la tac„ tique du guerrier modeste qui commande l'ar„ mée de Rhin et Moselle! Cela même qu'on „ nomme sa retraite, a été la marche d'un Conqué„ rant, une série de victoires et d'événemens heu„ reux. „ Moreau avoit développé dans son armée un caractère tout nouveau de solidité rassise, et de persévérance. Autrefois l'on étoit habitué à taxer le soldat françois de courir en arrière, après une défaite, avec autant de rapidité, qu'il mettoit d'impétuosité à pousser en avant, après une victoire. Mais l'armée de Moreau, pressée de tous côtés, obligée de présenter le front de toute part, manifesta la fermeté la plus caractérisée, et ne montra jamais ni précipitation, ni désordre ni effroi. Et cependant cette armée offroit, au milieu des incommodités d'une marche aussi longue et aussi pénible, par des pluies continuelles (*), le vrai tableau du dénuement. Une grande partie étoient nuds-pieds ; ce n'étoit plus qu'aux lambeaux de leurs habits bleus tout déchirés, par-dessus lesquels ils portoient des tapis ou des couvertes de lits, ou des manteaux de toutes couleurs, des sarraus, et jusqu'à des vêtemens de prêtres ; ce n'étoit plus qu'à leurs armes, à leur contenance fière, qu'on reconnoissoit encore, lors de leur entrée dans Fribourg, cette armée audacieuse, qui venoit tout récemment de porter l'épouvante jusques dans l'intérieur de l'Autriche, et qui s'étoit ensuite frayé de nouveau un passage à travers tous les genres d'obstacles et de dangers jusques au Rhin. On croyoit voir une mascarade,

(*) Sans ces pluies, Moreau seroit arrivé à Kehl, par la Vallée de la Kintzig, avant que l'Archiduc eût eu le temps de réunir ses forces.

qui,

qui, lorſqu'on ſe livroit à ſa première impreſſion, excitoit tantôt la compaſſion, tantôt le rire ; mais lors qu'on venoit à ſe rappeler tout ce que cette armée avoit fait et ſouffert, cette penſée faiſoit naître des réflexions d'un bien autre genre. En s'aſſurant elle-même ſon ſalut, cette armée avoit en même temps aſſuré celui de la France. Si elle avoit été, comme tout portoit à le craindre, preſqu'entièrement détruite ou faite priſonnière de guerre, il auroit fallu la recréer de nouveau, recréer tous les approviſionnemens et tous les acceſſoires indiſpenſables d'une armée, ce qui néceſſitoit derechef, dans l'intérieur de la France, des emprunts forcés, des requiſitions en hommes, en chevaux, &c.; il auroit, en un mot, fallu déployer en entier l'appareil effrayant des moyens révolutionnaires; et déjà les factions avoient levé leurs têtes turbulentes, chacune dans l'eſpoir de profiter de ce coup déſaſtreux, qu'elles regardoient comme inévitable, et qui auroit de nouveau déchiré les entrailles de la République. Mais à préſent tous ces complots ſe trouvoient déjoués.

„ Il ſera bienheureux, ſi, à tout événement, „ il peut encore s'échapper par le trou d'aiguille „ des quatre villes foreſtières „, avoient dit de Moreau les papiers miniſtériels anglois. Au lieu de cela, ſon armée décrivoit un vaſte demi-cercle, qui s'étendoit depuis Rheinfelden, par la vallée de la Wieſen, la vallée d'Enſer, et la vallée de

Simons-wald (Bois à Simon) jufqu'au Rhin, un peu au deffous du vieux Brifach. Ce fut en vertu de fon plan d'expulfer les divifions de l'Archiduc Charles des montagnes, de s'y fortifier lui-même, et de manœuvrer en avant de lui, vers Kehl, qu'il avoit quitté Neufiadt, garni fortement les poftes de Saint-Mergen et de Saint-Pierre, pour fe porter entièrement vers Fribourg. D'ici il s'étoit déjà avancé au-delà de l'Elz, auprès d'Emmendingen, où il s'étoit pofté entre Malterdingen et Haimbach; et pour affurer fon flanc droit, il avoit envoyé en avant une divifion entière à Waldkirch; il avoit pénétré fur la rive gauche de l'Elz jufqu'à Riegel, Endingen et Forchheim; mais les débordemens du Rhin, et les autres torrens enflés par les pluies, qui fe précipitoient du haut des montagnes, ne lui permirent aucune tentative effentielle dans cette partie là.

La rapidité avec laquelle le Général François fe portoit en avant, ne permettant plus de méconnoître fes intentions, détermina l'Archiduc Charles de marcher fur le champ contre lui avec toutes fes forces. Il porta, le 16 Octobre, fon quartier général d'Offenbourg à Mahlberg; le Général Petrafch qui, dans ces entrefaites, s'étoit pofté de nouveau à Villingen, avoit enfuite marché par Homberg et Haflach, et s'étoit venu réunir au Prince, près d'Ettenheim le 15 Octobre. Le Général Nauendorff s'étoit pareillement avancé avec son corps par Villingen et Hornberg, vers Elzach, où il avoit fait de même sa jonction le 15 Octobre, en venant couvrir le flanc gauche de l'Archiduc. Le Général La Tour prit sa direction par Hornberg et Stein, et débouchant de la vallée de la Kintzig, il parvint, par des marches forcées, les 17 et 18 Octobre, à réunir son armée à celle de l'Archiduc Charles, entre Ettenheim et Herboldsheim. Les Corps du Général Frölich et du Prince de Condé, les seuls qui eussent suivi le Général Moreau dans son passage par la vallée d'Enfer, étoient arrivés à Neustädt le 15 Octobre. Le Général Wolff, avec une partie du corps de Frölich, avoit suivi les corps des Généraux Tarreau et Paillard, par Waldshut. De cette manière, les forces autrichiennes formoient, depuis les frontières de la Suisse, au pied des montagnes de la Forêt-noire, et en les traversant, une chaîne contiguë autour de l'armée françoise dans le Brisgau. Les principales forces de l'Archiduc Charles, ainsi que celles de Moreau, se trouvoient maintenant sur les deux bords de l'Elz et en présence.

L'Archiduc Charles avoit déjà, dans l'après-dînée du 17 Octobre, après un combat très-opiniâtre, qui se prolongea jusques dans la nuit, déposté les François, tant de Haimbach que de Malterdingen, ils se retirèrent sur les hauteurs qui se trouvent derrière, et dans les bois voisins.

Le jour suivant, ils tentèrent de reprendre ces villages. On se battit de nouveau avec le plus grand acharnement depuis midi jusqu'à nuit close: la perte fut considérable de part et d'autre, chaque parti resta dans sa position. Le même jour l'avant-garde de l'aile gauche des François qui avoit passé l'Elz, avoit pris entre Malterdingen et Kintzingen, 4 compagnies d'Olivier Wallis et 9 Officiers.

Mais l'Archiduc Charles, qui venoit, comme on a vu, de réunir tous les différens corps aux ordres de La Tour, de Petrasch et de Nauendorff, de Frölich et de Condé, à celui qu'il avoit amené, et qui se voyoit, par cette réunion, à la tête d'une masse de troupes de beaucoup supérieure aux forces que Moreau pouvoit lui opposer, se décida, afin d'éluder le plan audacieux de ce Général, pour une attaque décisive sur toute la position de l'armée françoise.

Le 19 Octobre, avant la pointe du jour, ses troupes sortirent de leur camp près de Kintzingen pour se mettre en marche. Les pluies continuelles avoient tellement amolli le terrein, on y enfonçoit si fort, les chemins étoient gâtés à un tel point, qu'elles ne purent arriver que vers midi à l'endroit où elles devoient se rassembler. Alors elles se partagèrent en trois colonnes; celle de la droite, aux ordres du Général La Tour, devoit attaquer le village de Kœndringen ; celle du centre, fous le Général Wartenfleben, devoit emporter les hauteurs qui s'élèvent derrière Malterdingen ; celle de la gauche, commandée par le Général Petrafch, devoit s'avancer fur le grand chemin de Haimbach, vers Emmendingen, pendant que le Général Major Meerfeld attaqueroit avec une brigade les bois qui fe trouvoient fur le flanc gauche, et qu'avec une autre brigade, le Prince Fréderic d'Orange fe dirigeroit, par les plus hautes fommités des montagnes, de manière à tourner les François par leur flanc droit. Le Général Nauendorff, qui s'étoit déjà avancé dans la vallée d'Elzach, jufques près de Bleibach, devoit de ce point attaquer en même temps le pofte de Waldkirch.

Mais au même moment que ce Général venoit de former fa colonne, dès 9 heures du matin, il fut lui-même attaqué par les François, qui tâchèrent au commencement de le pouffer vers la vallée de Simons-wald ; mais lui les repouffa, et les força de fe retirer par la gorge étroite qui fe trouve près de Waldkirch. Il s'empara de ce pofte et du paffage de l'Elz, et les pourfuivit jufques vers Langen-Denzlingen ; trois compagnies d'infanterie légère françoife, qui avoient marché fur le Simons-wald, furent coupées ; mais il n'y en eut qu'une partie de prife ; beaucoup fe fauvèrent par les montagnes.

La principale attaque, fur la rive droite de l'Elz, avoit commencé vers midi. L'aile droite, fous le Général La Tour, éprouva la plus opiniâtre réfiftance; fes attaques fur Köndringen furent repouffées à diverfes reprifes, et l'événement demeura douteux jufqu'au moment que l'Archiduc Charles, avec cette intrépidité perfonnelle qui fait un des traits diftinctifs de fon caractère, fe mettant lui-même à leur tête, fit avancer fes grenadiers pour une nouvelle attaque, dont la grande impétuofité leur fit enfin emporter ce village. Le Général Wartenfleben pouffa de même, non fans éprouver la plus valeureufe réfiftance, les François de pofte en pofte, et du moment que le Prince d'Orange, après la marche la plus pénible, à travers une contrée qu'on auroit cru impraticable pour des troupes, eut débouché fur le terrein qui s'ouvre au deffus d'Emmendingen, et commencé fon attaque fur le flanc droit des François, le fort de la journée fut décidé. Les Autrichiens parvinrent encore avant le foir à Emmendingen, et les François fe retirèrent près de Tenningen et Amwaffer, derrière l'Elz, en détruifant les ponts conftruits fur cette rivière. Cette bataille près d'Emmendingen, fut très-fanglante de part et d'autre. Le Général de Wartenfleben eut le bras gauche fracaffé d'une balle de canon chargé à cartouche, en attaquant les hauteurs derrière Malterdingen; les François perdirent, près de Kœndringen, le Général de division Beaupuis, un de leurs Officiers les plus distingués, qui, ayant immédiatement après le passage du Rhin, près de Kehl, reçu plusieurs coups de sabre, étoit venu d'abord après sa guérison, rejoindre l'armée. Moreau lui avoit donné l'ordre de se retirer dès la première attaque qui se feroit sur Kœndringen, et d'aller passer les ponts d'Amwasser et de Tenningen, placés derrière l'Elz; mais ayant été tué tout au commencement de l'action, ses troupes continuèrent à combattre dans la mauvaise position qu'elles occupoient, jusqu'à ce qu'il fût possible de leur faire parvenir de nouveaux ordres. Les Autrichiens firent dans les affaires de Waldkirch et Emmendingen 6 à 700 prisonniers aux François, qui, de leur côté, en prirent 3 à 400 aux Autrichiens; du reste, Moreau ne perdit, en artillerie, qu'un caisson renversé dans un chemin creux, qui fut plutôt abandonné que pris.

Quoique ce ne fût qu'un combat d'arrière-garde, et que la position de bataille que le Général Moreau avoit désignée fût derrière l'Elz, les François pensent qu'ils auroient eu probablement l'avantage dans ce combat inégal, si presque toute l'artillerie, qui avoit beaucoup souffert de la route dans les montagnes, n'avoit pas été en réparation. Cette circonstance jointe à la mort du Général Beaupuis, auquel l'on n'a jamais pu reprocher que trop d'impétuosité, furent, selon eux; les seules causes de cet échec.

A la petite pointe du jour suivant, 20 Octobre, le Général Nauendorff pénetra en avant, par Langen-Denzlingen, et facilita par ce mouvement à l'Archiduc Charles le rétablissement des ponts sur l'Elz, que les François avoient rompus. L'avant-garde de l'Archiduc, aux ordres du Général Meerfeld, les passa pour se porter en avant, et se joignit à Nauendorff, près de Langen-Denzlingen. Le combat fut incomparablement plus sanglant à l'aile droite des Autrichiens commandée par le Général La Tour. Les François avoient rompu le pont qui traverse le ruisseau qui coule de Langen-Denzlingen vers Bahlingen, et arrêtèrent par là ses progrès en avant; les bois situés en avant de Nimbourg leur facilitoient les moyens de se renforcer sans qu'on s'en apperçut, et d'amener assez de canons pour rendre aux Autrichiens la construction d'un pont de pièces de charpente extrêmement difficile et meurtrière. Ils combattirent avec l'audace la plus soutenue et repoussèrent toutes les attaques des Autrichiens. Après un feu réciproque de très-longue durée, ils ne se retirèrent que pendant la nuit, et ce ne fut qu'alors que l'avant-garde de La Tour parvint sur la rive gauche de l'Elz; le gros de sa colonne campa en avant de Tenningen; celle de l'Archiduc fila jusques derrière

Langen-Denzlingen, pour exécuter le lendemain matin, 21 Octobre, une nouvelle attaque générale sur tout le front du Général Moreau, dont le flanc gauche se trouvoit, dans ce moment, appuyé à la montagne de Kaiserstuhl, au bord du Rhin, tandis que sa droite s'étendoit jusques dans l'intérieur des montagnes, par de-là Gundelfingen.

L'Archiduc marcha donc à cet effet en avant avec toutes ses colonnes, le 21 Octobre, de très-bonne heure dans la matinée : mais le Général françois, qui ne vouloit pas s'exposer à une nouvelle attaque dans cette position, continua de se retirer de tous les côtés. L'avant-garde de l'Archiduc, toujours sous le Général Meerfeld, se jetta brusquement en le suivant de près dans Fribourg. Les François s'étoient formés de nouveau derrière cette ville, et paroissoient vouloir en défendre la sortie aux Autrichiens ; mais dans le même instant les corps du Général Frölich et du Prince de Condé, qui, pendant tous les jours précédens, avoient fait, depuis Neustadt, des mouvemens en avant dans les montagnes, et forcé, le 18 Octobre, le poste de Saint-Pierre, débouchoient de la vallée d'Enfer vers Fribourg ; ils firent avancer leur artillerie et se mirent à canonner la position des François. Ceux-ci se retirèrent pour lors en bon ordre, sous le feu continuel de leur canon, par Saint-George et par les hauteurs de Pfaffenweiler. Une division de 10 mille hommes, la plus grande partie d'infanterie, aux ordres du Général Desaix, passa près de Brisach, sur la rive gauche du Rhin, et brûla le pont derrière elle, en abandonnant les débris au courant du fleuve.

On ne peut se dispenser de faire observer ici aux gens du métier avec quelle habileté le Général françois combinoit ses manœuvres, et avec quelle précision les Généraux qui les dirigeoient, ainsi que les troupes qui les exécutoient, remplissoient ses savantes conceptions. Dans les mouvemens dont on vient de parler, il devoit se faire une réunion du corps de Saint-Cyr, se retirant par la route d'Emmendingen à Fribourg, avec celui de Ferino, arrivant par la route de Neustadt, et cette réunion étoit très-difficile; il falloit que ces deux colonnes arrivassent ensemble derrière la rivière de Cressent, près le pont de Fribourg; sans cela le corps de Ferino, si Saint-Cyr étoit forcé avant son arrivée, auroit été pris par son flanc gauche, par les troupes de l'Archiduc; et par la même raison, si Ferino eût été forcé, les troupes du Général Frölich auroient débordé la droite de Saint-Cyr. Or la jonction se fit à la minute, quoiqu'ayant tous deux l'ennemi sur les talons. Une réserve placée dans la plaine de Saint-George étoit destinée à protéger ce mouvement difficile.

C'étoit d'abord, ainsi qu'on l'a vu, le plan du Général Moreau, mais sur-tout la volonté du Gouvernement françois, que l'armée de Rhin et Moselle se maintint sur la rive droite du Rhin. ,, Cette armée, (disoit le Directoire exécutif, le 16 Octobre, dans son message au Corps législatif,) ,, après avoir vécu durant toute cette ,, campagne, la plus active de toutes celles ,, qu'on connoisse, aux dépens de l'ennemi, après ,, avoir détaché presque tous les Princes de ,, l'Empire d'Allemagne de la Coalition, et fa- ,, vorisé, par une puissante diversion, la con- ,, quête de l'Italie, demeure en possession du ,, Brisgau, de tous les ponts sur le Rhin, et de ,, tous les passages, de toutes les gorges qui ,, donnent l'entrée dans le pays ennemi; elle ne ,, tardera pas, ajoute le message, à reprendre ,, l'offensive, et l'état de dissémination où se trou- ,, vent les forces ennemies lui promettent de ,, nouveaux succès ,,. Mais le même jour que le Directoire entretenoit les Conseils de la dissémination des forces autrichiennes, comme d'une source de nouvelles victoires, elle venoit de cesser d'avoir lieu. L'Archiduc Charles avoit, du 16 au 18 Octobre, su réunir tous ces corps d'armée, qui jusqu'alors avoient poursuivi Moreau, sur diverses directions dans sa retraite, en une seule masse, dont il étoit le Chef suprême; et la supériorité que cette masse avoit pour le nombre sur l'armée françoiſe étoit tout à fait déciſive. De ce moment, Moreau ne pouvoit plus ſonger à ſe maintenir ſur la rive droite du Rhin, à moins qu'il ne trouvât moyen de ſe débarraſſer d'une partie des forces autrichiennes, et de rétablir une proportion plus égale entre les deux forces oppoſées. Ce fut auſſi dans cette vue que la diviſion, dont nous avons parlé, avoit repaſſé le Rhin près de Briſach pour ſe rendre par la rive gauche à Kehl; que d'un autre côté l'armée de Sambre et Meuſe, qui ſe trouvoit actuellement ſous les ordres de Beurnonville, s'étoit remiſe en mouvement et menaçoit de vouloir reprendre ſa première ſupériorité en ſe reportant du Bas-Rhin vers Francfort; et qu'enfin Moreau lui-même faiſoit travailler vigoureuſement à fortifier la tête-de-pont d'Huningue, et prenant de nouveau une poſition des plus fortes, annonçoit de reſte ſon intention de faire, quoiqu'avec des forces très-inégales, les plus grands efforts pour ſe ſoutenir ſur la rive droite du Rhin, dans l'attente de quelque changement favorable de circonſtances qui pût le remettre à même de reprendre l'offenſive.

Il ſe trouvoit maintenant à Schliengen, dans une poſition d'une force ſi peu commune qu'elle mérite d'être décrite avec quelque détail.

La plaine étroite qui s'étend depuis le Mein juſqu'à quatre lieues de Bâle, et ſépare le Rhin de la chaîne de montagnes qui ſe prolonge le long de la Souabe et de la Franconie, décrit au ſud de Mülheim un quarré long preſque régulier, dont la largeur eſt d'environ trois quarts de lieue. Dans l'angle de ſud-eſt, eſt ſitué le village de Schliengen ; au ſud, cette plaine eſt fermée par un ruiſſeau qui prend ſa ſource près du village de Sizenkirch, au pied d'une très-haute montagne, appelée le Hohen-Blauen, (la haute montagne bleue) et coulant vers l'oueſt, paſſe par Ober et Nieder Ekenheim, Liel et Steinſtadt, où il ſe jette dans le Rhin. Près de Schliengen, les hauteurs qui ſont eſcarpées et couvertes de vignes, ſe tournent bruſquement vers le nord ſur le côté droit du ruiſſeau, ſuivent cette direction juſqu'à Mülheim, et terminent ainſi la plaine à l'eſt ; mais les hauteurs de la rive gauche du ruiſſeau qui ſont très-hautes et commandent au loin, courent juſqu'au Rhin, par lequel elles ſont coupées à pic. Non loin de la ſource de ce ruiſſeau s'élevent d'autres hauteurs, qui ſe prolongent dans une direction oppoſée vers le ſud-eſt, juſqu'au ruiſſeau de Kander, par Sizenkirch. Ce ſecond ruiſſeau, qu'on nomme auſſi le Kander, coule dans un éloignement aſſez conſidérable du premier, au fond d'un ravin très-profond et preſqu'impaſſable, et ſe jette, à près de deux lieues au deſſus de Steinſtadt, dans le Rhin. Un troiſième ruiſſeau, qui prend ſa ſource environ à une demi-lieue à l'oueſt de Kander, coule quaſi parallélement au précédent, par Feuerbach et Riedlingen, et se jette, un peu au dessous du confluent du ruisseau de Kander avec le Rhin, dans ce fleuve. Entre les têtes du ravin dont il vient d'être question, est une chaîne de collines élevées et raboteuses, couvertes d'un bois très-fourré et d'une vaste étendue.

C'étoit dans cette position presqu'inattaquable qu'étoit postée l'aile droite de l'armée françoise; le corps qui couvroit l'extrêmité de son flanc droit occupoit Kander, Sizenkirch et les hauteurs environnantes. De là la ligne s'étendoit le long des hauteurs au dessus d'Ober et Nieder Eckenheim, Liel et Schliengen, où se trouvoit le centre de l'armée qui s'étendoit vers Steinstadt, d'où son aile gauche s'appuyoit au Rhin, dont les flots baignent le pied des hauteurs de ce même village de Steinstadt. Le Général Moreau avoit placé, en avant de son centre, un gros corps d'infanterie sur les hauteurs et dans les vignes entre Schliengen et Feldberg. Environ une demi-lieue derrière ce dernier village, s'éleve entre les villages de Liel et deTannenkirch une hauteur qui domine toute la position; là le terrein descend de Tannenkirch jusques dans le fond où est situé Riedlingen.

Afin de tirer tout l'avantage possible de sa supériorité actuelle sur le Général Moreau, et l'obliger, avant qu'il ne lui puisse intervenir quelqu'échec, à ſe retirer entièrement de l'autre côté du Rhin, l'Archiduc Charles ſe détermina à marcher à lui ſans différer. Il ſe propoſa de diriger ſa principale attaque ſur l'aile droite des François, et de les débuſquer des hauteurs au deſſus de Kander, qu'on peut regarder comme la clef de la poſition de Schliengen. L'entrepriſe étoit audacieuſe : voici l'ordre que l'Archiduc preſcrivit : l'armée ſut partagée en 4 colonnes principales ; la première, formant la droite, fut compoſée du corps des émigrés aux ordres du Prince de Condé ; la ſeconde forte de 9 bataillons et 26 eſcadrons, étoit conduite par le Prince de Fürſtemberg ; la troiſième de 11 bataillons et d'une brigade de cavalerie, par le Général La Tour, et la quatrième, qui formoit l'avant-garde de toute l'armée, par le Général Nauendorff. Les deux premières devoient occuper le Général Moreau ſur ſon aile gauche aſſez vivement pour l'empêcher d'en détacher beaucoup de monde ; mais néanmoins ſans haſarder une attaque ſérieuſe ſur les principaux points que cette aile occupoit, la poſition de Schliengen juſqu'au Rhin étant trop ſorte pour qu'on pût ſe flatter de l'attaquer nulle part avec ſuccès. Les deux autres colonnes devoient mettre d'autant plus d'énergie dans l'attaque de l'aile droite des François, et tâcher de la tourner par ſon flanc.

L'attaque commença le matin à 7 heures ; les

chemins étoient presqu'impraticables ; les montagnes couvertes de neiges ; des pluies continuelles avoient tellement amolli le terrein que l'artillerie avoit peine à avancer, et qu'on ne pouvoit quasi faire aucun usage de la cavalerie. Les François firent d'abord mine de retirer leurs avant-postes ; mais lorsque les Autrichiens les eurent approchés de plus près, ils les reçurent avec une audace et une contenance si ferme que chaque pas présentoit aux attaquans un nouvel obstacle et demandoit un redoublement d'efforts. Le combat se prolongea jusques dans la nuit. Les colonnes des Princes de Condé et de Fürstemberg atteignirent complettement leur but, qui étoit d'occuper l'aile gauche des François; celui-là s'empara de Steinstadt, celui-ci des hauteurs situées vis-à-vis de la position que les François occupoient derrière Schliengen ; tous deux se maintinrent dans ces postes malgré une canonnade très-vive. Le Général La Tour, qui se porta de Vogisheim au de-là de Feldberg, s'empara du village d'Eckenheim, et pénétra, tout au milieu d'un combat non interrompu et extraordinairement opiniâtre, jusqu'à Liel. Le Général Nauendorff perça, après une très-longue résistance, le soir très-tard, la gorge de Kander et expulsa les François de ce bourg. Un épais brouillard, suivi d'un violent ouragan, mit fin au combat.

Les colonnes autrichiennes passèrent la nuit

ſous les armes, pour renouveller l'attaque le lendemain : car le Général Moreau, ayant continué d'occuper les hauteurs derrière Kander, ſa droite, quoique les Autrichiens ſe fuſſent emparés de ce bourg, n'en étoit pas pour cela plus en danger, et il n'avoit rien perdu de ſa poſition de bataille; mais comme il étoit déterminé de repaſſer le Rhin, et qu'il n'avoit reçu la bataille que pour donner le temps aux équipages de le paſſer avant lui, n'ayant qu'un ſeul pont pour toute l'armée; il fit ſa retraite dans la nuit, après avoir ſoutenu tout l'effort de l'armée de l'Archiduc, qui étoit double de la ſienne depuis que le Général Deſaix avoit paſſé le Rhin à Briſach. Ayant donc quitté volontairement la poſition de Schliengen, il vint prendre celle de Haltingen, d'où il ſe retira, partie pendant la nuit ſuivante, mais principalement le lendemain matin 26 Octobre, dans le plus grand ordre, de l'autre côté du Rhin, par le pont d'Huningue. On a remarqué, avec connoiſſance de cauſe, que ces troupes, et ſur-tout la cavalerie, manœuvrèrent dans cette dernière retraite comme ſur un terrein d'exercice.

Rien ne met un éloge plus à l'abri de tout ce qui peut le rendre ſuſpect, et ne prouve mieux combien il eſt mérité, que lorſqu'il eſt arraché, dans le cours même de la guerre, aux écrivains du parti oppoſé. Or voici comment parle de cette ſavante retraite un Journal rédigé par des émigrés. „ Le Général Moreau commença vers „ la mi-Septembre cette retraite *trop vantée par* „ *les uns, trop dépréciée par les autres*, mais „ qui, estimée par ses effets comme par ses diffi- „ cultés, donne à ce Général sur la reconnois- „ sance des François des droits bien supérieurs „ à ceux des Généraux qui se sont distingués „ dans cette campagne. Ce n'est pas avec des „ talens ordinaires qu'on peut amener une ar- „ mée victorieuse des bords du Rhin à ceux de „ l'Iser, et la ramener, encore victorieuse, de „ l'Iser au Rhin, lorsque, manquant tout à la „ fois de l'appui des deux armées dont elle de- „ voit former le lien, elle semble, au milieu de „ mille dangers, dévouée à une destruction iné- „ vitable. Concentrer avec soin toutes ses trou- „ pes; placer au milieu d'elles ce qui fait la force „ d'une armée, l'artillerie et les munitions; pa- „ roître incertain sur sa route pour donner le „ change à son ennemi; observer tous ses mou- „ vemens et mettre à profit toutes ses fautes, „ tels sont les moyens qui frappent le plus dans „ la conduite de Moreau, &c. „ *Voyez pages 59 et 61 du Spectateur du Nord, Janvier* 1797.

En citant ce morceau, nous sommes bien éloignés d'en adopter toutes les assertions, et nous pensons que Moreau lui-même est le premier à rendre à l'étonnant Buonaparte une justice que le Journaliste semble lui refuser.

COMPARAISON

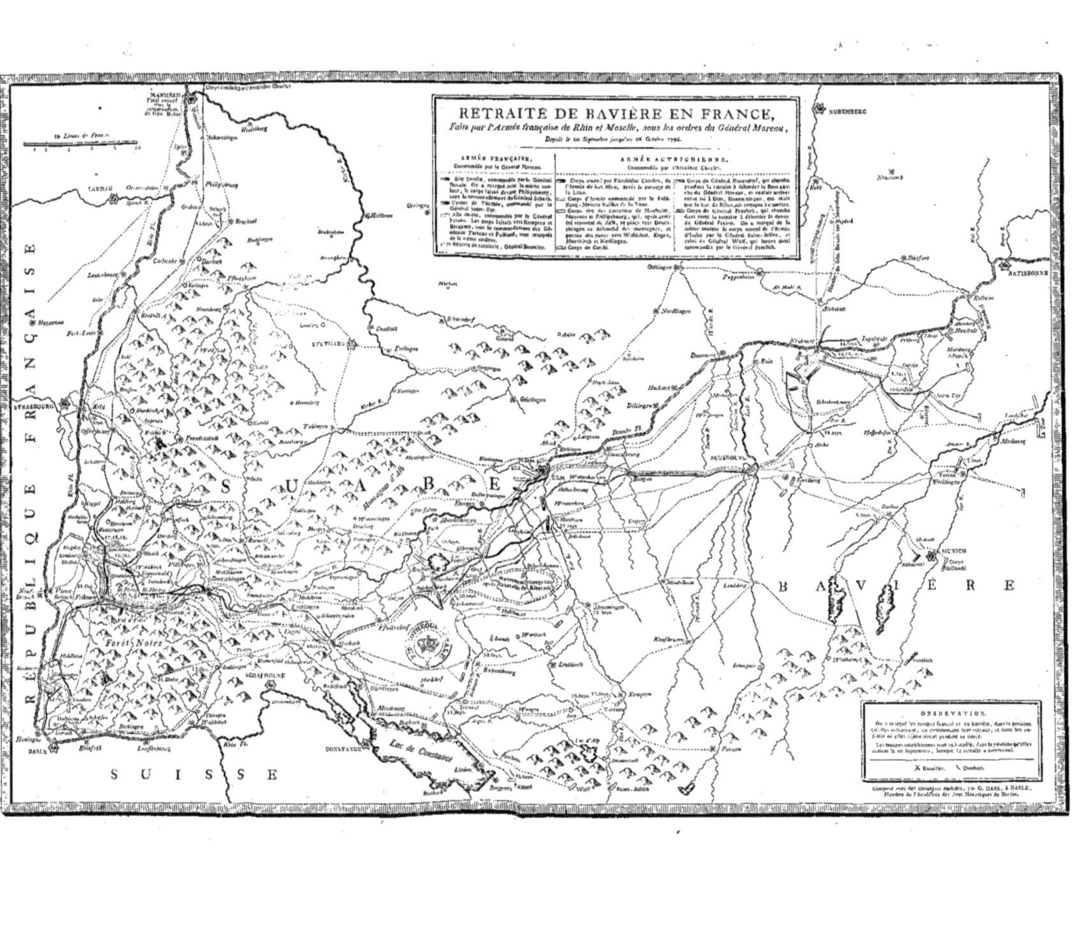
RETRAITE DE BAVIÈRE EN FRANCE,
Faite par l'Armée française de Rhin et Moselle, sous les ordres du Général Moreau,
ARMÉE FRANÇAISE.
Commandée par le Général Moreau.
Centre de l'Armée, commandé par le Général Saint-Cyr.
Réserve de cavalerie, Général Bourcier.
ARMÉE AUTRICHIENNE.
Commandée par l'Archiduc Charles.
Corps de Condé.
OBSERVATION.
Batailles.
Combats.
Membre de l'Académie des Arts Mécaniques de Berlin.
RÉPUBLIQUE FRANÇAISE
S U A B E
B A V I È R E
S U I S S E
NUREMBERG
RATISBONNE
AUGSBOURG
MUNICH
STRASBOURG
STUTGARD
LANDAU
BASLE
CONSTANCE
Lac de Constance
Forêt Noire
Nordlingen
Pappenheim
Oettingen
Ingolstadt
Landsberg
Kempten
Fussen
Memmingen
Bregentz

COMPARAISON DE LA RETRAITE *DU* GÉNÉRAL MOREAU. *AVEC CELLE* DES DIX MILLE GRECS,

COMMANDÉE ET DÉCRITE PAR XÉNOPHON.

LORSQUE le Maréchal de Bellisle ramena jusqu'en France les tristes débris de l'armée françoise depuis Prague, où elle s'étoit défendue avec gloire, et où elle avoit souffert avec constance de grandes et longues privations, les flatteurs de ce Général, dont on a également exagéré, peut-être, ce qu'il a fait de bien, et ce qu'il a fait de mal; mais dont les talens, excepté celui de l'intrigue, s'élevoient bien peu au dessus de la médiocrité, eurent l'impudeur de comparer cette retraite à celle de Xénophon, avec laquelle elle avoit si peu de rapport. Nombre de nos lecteurs, après avoir lu la relation de la belle retraite du Xénophon de nos jours, ne manqueront pas de vouloir relire celle de ce Grec célèbre comme Guerrier, comme Historien, comme Philosophe et comme Homme d'État; et tout en convenant que cette retraite des Dix-mille, regardée, à bon droit, comme tout ce qu'on a vu de plus remarquable, jufqu'à ce jour, même comme le feul modèle à citer dans ce genre, reconnoîtront cependant qu'on peut, fans flatterie, fans partialité et fans exagération, hazarder un parallèle entre ces deux retraites.

Ceux de nos lecteurs qui voudront fe contenter d'un Précis bien fait de la Retraite des *Dix-Mille*, le trouveront dans le Tome IV (de l'Edition in-12) de l'Hiftoire ancienne de Rollin, ouvrage qui, trop négligé peut-être aujourd'hui, fur-tout par la jeuneffe, fe trouve dans prefque toutes les collections de livres.

Nous renvoyons ceux qui defireront en connoître tous les détails à Xénophon lui-même, c'eft-à-dire, à la relation qu'il nous a laiffée de l'Expédition et de la Retraite des Dix-mille, en 7 livres, qui ont été traduits en françois par d'Ablancourt. Quant à nous, nous devons nous borner à rapporter ici, mais fort en abrégé, les faits qui tiennent particuliérement à notre objet. Mais il nous faudra remonter à l'origine de ce mémorable événement, afin d'en donner une idée générale à ceux de nos lecteurs qui voudront fe borner à la lecture de ce fimple Précis.

Cyrus le jeune, fils de Darius Nothus, Roi de Perfe, voyoit avec jaloufie Artaxerxes fon frère aîné fur le trône. Au moment même que celui-ci étoit fur le point d'en prendre poffeffion, il avoit entrepris de lui ôter le ſceptre et la vie. Artaxerxes ſentit bien ce qu'il avoit à craindre d'un frère entreprenant, rempli d'ambition et d'audace; mais il ne put refuſer ſa grace aux prières et aux larmes de Paryſatis ſa mère, qui idolâtroit ce cadet. Il le renvoya donc dans ſon Gouvernement de l'Aſie mineure, en lui confiant, contre les règles d'une ſage politique, une autorité abſolue ſur les provinces que le feu Roi lui avoit laiſſées par ſon teſtament.

Dès qu'il y fut arrivé, il ſongea ſérieuſement à ſe venger de l'affront qu'il prétendoit avoir reçu de ſon frère, et à le détrôner.

Politique habile, d'une affabilité et d'une familiarité qu'il pouſſoit au point de ſe mêler avec le ſimple ſoldat, il s'attachoit de cette manière tout ce qui approchoit de lui, ſans cependant que ſa dignité en ſouffrît.

Il trouva moyen, par des intrigues ſecrettes, d'allumer la guerre entre lui et Tiſſapherne, et ſous prétexte d'armer contre ce Satrape voiſin, dont il ſe plaignoit beaucoup au Roi, il raſſembla ouvertement une armée formidable.

Les Lacédémoniens devenus, par une ſuite des ſervices qu'il leur avoit rendus, maîtres de la Grèce, lui fournirent, par reconnoiſſance, des ſecours en vaiſſeaux et en ſoldats. Son armée étoit compoſée de 100,000 hommes de troupes réglées de nations barbares, et de 13,000 Grecs qui en faifoient l'élite et la principale force. Ceux-ci avoient pour chefs Cléarque, Socrate d'Achaïe, Proxène (*), Agias et Ménon.

Cyrus part de Sardes avec ces forces, marchant vers les hautes provinces de l'Afie. Cependant Artaxerxes averti de fes deffeins par Tiffapherne, qui s'étoit rendu en toute diligence de Milet à la Cour, raffembla de fon côté une armée d'environ 1200,000 hommes pour recevoir fon frère. Celui-ci s'avançoit toujours à grandes journées, et arrive enfin, après une marche de plus de fix mois, dans la Babylonie. Les armées étant en préfence, la bataille fe donna à Cunaxa, à 25 lieues environ de Babylone. Les Grecs remportent la victoire de leur côté, Artaxerxes du fien. L'ambitieux et fratricide Cyrus eft tué. Les Grecs, qui le croyoient vainqueur, n'apprennent la nouvelle de fa mort que le lendemain.

Artaxerxes veut les contraindre de livrer leurs armes, mais ils prennent la réfolution de mourir plutôt que de fe rendre. On fait un traité avec eux. Tiffapherne fe charge de les conduire jufques dans leur patrie. Après quelques jours de marche, ce Satrape ayant invité, fous prétexte d'une conférence, les cinq Chefs des Grecs à fe rendre dans fa tente, il les fait égorger, ainfi que

(*) Proxène, dont la famille étoit amie de celle de Xénophon, préfenta ce jeune Athénien à Cyrus, qui le reçut très-favorablement et lui donna de l'emploi dans fon armée parmi les Grecs.

vingt de leurs Capitaines qui les avoient accompagnés. Qu'on se représente la consternation des Grecs, se trouvant ainsi sans chefs à 5 à 600 lieues de leur pays, environnés de Nations ennemies, &c. Au milieu de l'abattement qui les accabloit, Xénophon les ranime par son courage et par son éloquence : d'après son avis ils élisent de nouveaux chefs, savoir, Timasion, Xanticle, Cléanor, Philésie, et Xénophon lui-même, qui, malgré sa jeunesse, devint par la sagesse de ses conseils et par sa rare prudence, l'ame et le principal Chef de cette fameuse retraite.

Les Grecs réduits à 10,000 guerriers poussèrent l'intrépidité au point de soutenir encore, à eux seuls, la guerre à laquelle ils avoient été conduits, et de forcer, par un effort de courage aussi peu attendu, le grand Roi (*) de leur demander la paix, et de leur fournir des vivres. Ils partent, pour ainsi dire, de son palais, à la vue d'une armée innombrable, et se retirent, en traversant des contrées ennemies qui leur sont entiérement inconnues ; ils marchent, sans cavalerie (**), à travers des plaines d'une grande étendue, gravissent des montagnes presqu'inaccessibles, ou pénètrent par

(*) C'est ainsi que les Grecs désignoient les Rois de Perse.

(**) On ne peut compter pour telle 50 fantassins montés sur des chevaux destinés aux bagages ; ils formérent, à la hâte, cette petite troupe à cheval, dont tout militaire sentira la grande et indispensable nécessité.

des gorges étroites entre d'énormes rochers; vont passer l'Euphrate et le Tigre à leurs sources, et retournent de là, par la Mer-noire, victorieux et triomphans, dans leur patrie. Long-temps après, Marc-Antoine, poursuivi par les Parthes, à peu près dans le même pays, et se trouvant dans un pareil danger, s'écria plein d'admiration pour un courage si invincible: *O RETRAITE DES DIX MILLE!*

C'est dans la comparaison de ce fait tant célébré, qui s'est passé il y a 2200 ans, avec la retraite qui vient de s'opérer sous nos yeux par l'armée de Rhin et Moselle, aux ordres du Géneral Moreau, que nous trouvons nombre de points de ressemblance et dans l'ensemble et dans le détail, et dans le bien et dans le mal. Ce ne fut qu'après s'être vu entièrement isolé, privé de toute communication avec la France, menacé de front, sur les flancs et à dos, par de nombreux corps d'armées ennemies, que ce Général part de l'intérieur de la Bavière, fait une marche de plus de 100 lieues, passe des fleuves et de grandes rivières, pénètre à travers les montagnes les plus sauvages couvertes de forêts, force des gorges qu'on regardoit comme ne pouvant jamais être forcées; tandis qu'outre tant de corps d'armées qui le poursuivent dans toutes les directions, il a encore à combattre, dans plusieurs contrées, la masse entière des habitans du pays, et s'approche ainsi lentement et toujours redoutable, des frontières de la France; remporte même au milieu du cours de sa retraite, une victoire éclatante: et ce n'est qu'après deux grands et sanglants combats, dans lesquels l'audace la plus intrépide préserve seule son armée, fort inférieure en nombre, d'une défaite décisive, qu'il se retire enfin dans le plus bel ordre, et sans nul empêchement de l'autre côté du Rhin.

Cependant ces deux grands objets, qui présentent dans leur ensemble tant de ressemblance, diffèrent sans doute aussi l'un de l'autre en plusieurs points individuels.

Il est premièrement, sans nulle contradiction, tout à fait différent d'avoir à se retirer du voisinage de Babylone jusqu'à l'Hellespont, ou de Munich jusqu'au Rhin. Xénophon compte depuis le champ de bataille de Cunaxa jusqu'à la ville de Kotyora, sur les bords de la Mer-noire, 620 Parasanges ou lieues de France, et 122 journées de marches. Moreau, dans son rapport officiel envoyé de Fribourg au Directoire exécutif, compte, du point où il a commencé sa retraite jusqu'à cette dernière ville, 100 lieues de France. Ainsi, quant à la longueur du chemin, la retraite des François se rapporte à celle des Grecs comme 1 à 6. Secondement, toute l'armée grecque ne comptoit pas après la bataille de Cunaxa au de-là de 10,000 hommes. L'armée françoise, lorſqu'elle repaſſa le Lech, pour revenir en Souabe, étoit bien certainement encore forte tout au moins de 45,000 hommes ; ainſi quant au nombre, les François ſont aux Grecs dans le rapport de 4 ½ à 1.

Ces 10,000 Grecs avoient près de Cunaxa, 900,000 ennemis, et les 45,000 François n'en avoient en tout qu'environ 66,000 contre eux. Mais ces 66,000 ennemis étoient diſperſés ſur différens points, de ſorte que Moreau pouvoit toujours, dans le lieu où il ſe portoit avec rapidité, pour le moment, agir avec des forces égales, ou même ſupérieures, juſqu'à l'époque où tous les corps ennemis ſe furent enfin concentrés ſur l'Elz en une ſeule maſſe : et c'eſt ici, vers le terme de ſa retraite, que les talens ſupérieurs de ce Général et la fière contenance de ſon armée ſe manifeſtèrent avec le plus d'éclat ; puiſqu'il ne céda devant toute cette maſſe que pied à pied, et avec une telle audace et un tel ordre, qu'il réuſſit à ramener ſon armée affoiblie par tant de batailles, de combats et de rencontres, encore en très-bon état, ſur la rive gauche duRhin. Mais qu'on n'oublie pas d'un autre côté le grand point, c'eſt que malgré la très-grande ſupériorité du nombre des ennemis que Xénophon avoit à combattre, la balance eſt au fond égale, et peut-être même incline-t-elle en faveur de Moreau. Les Grecs n'avoient à faire qu'à des Perses ; les François au contraire à des Autrichiens, c'est-à-dire à des troupes très-valeureuses, très-bien exercées, endurcies à la fatigue ; à la meilleure cavalerie de l'Europe, à une infanterie qui pour le moins ne le cède à aucune autre. Les François n'avoient pas non plus sur leurs ennemis la supériorité des armes et de la discipline, qu'avoient les Grecs sur les leurs ; dans le premier de ces deux points, les Autrichiens étoient, à tous égards, en parité absolue, et dans le second, ils avoient incontestablement la supériorité ; mais il nous reste encore des objets de comparaison, où la retraite des Grecs et celle des François présentent des ressemblances très-frappantes.

Les Grecs aussi ne vouloient que liberté et indépendance. Leurs Généraux n'étoient exactement Généraux qu'au moment du péril et du combat, et, même alors, c'étoit plus la force de l'exemple qui assuroit l'exécution de leurs ordres, que le bâton de commandement. Xénophon, pour arriver avant l'ennemi à une gorge de montagnes de la plus grande importance, excitoit le corps qu'il commandoit, par tout ce que la gloire et le retour dans la patrie lui fournissoient de motifs puissans, à hâter sa marche. « Tu harangues bien à ton aise, (lui crie » un soldat) pendant que ton cheval te fait » cheminer commodément en avant, moi je suis

„ obligé de te ſuivre en haletant, accablé ſous „ le poids de mon bouclier „. Xénophon ſaute à bas de ſon cheval, arrache au ſoldat ſon bouclier, prend ſa place, et la marche s'exécute ſelon ſon intention. Dès que les grands dangers étoient ſurmontés, les ſimples ſoldats mettoient en cauſe leurs Colonels et leurs Capitaines, pour chaque coup de bâton qu'ils s'étoient permis de donner à un Grec libre. Il eſt un point important où l'égalité chez les Grecs étoit pouſſée encore plus loin que chez les François ; la différence de la ſolde étoit réglée ſelon une échelle graduée d'après l'hiérarchie militaire, dans une proportion infiniment moindre. Le ſimple ſoldat touchoit par mois 1 darique d'or, (eſtimée 10 livres de France) le Capitaine 2, et le Général 4 (*).

Outre cela les Grecs, au milieu de tant de dangers qui les environnoient de toute part, exerçoient à la fin le pillage, comme une choſe habituelle et journalière, et cela ſous les formes les plus groſſières ; c'étoit chez eux beaucoup plus l'affaire générale de l'armée, que chez les François, où le déſordre n'étoit que partiel, et n'étoit du moins pas accompagné de meurtre et d'incendie. Les Généraux Grecs eux-mêmes ſe

(*) Quoique la proportion de la ſolde de l'Officier françois à celle du ſoldat diffère effectivement, par le droit, de celle qui exiſtoit chez les Grecs, les circonſtances avoient fort rapproché cette proportion par le fait. *Note du Traducteur.*

plaisantoient entr'eux sur le talent de bien faire sa bourse. D'après le plan de Xénophon, un corps de troupes devoit, par une marche de nuit, tourner secrétement une partie de montagne défendue par les habitans du pays. ,, Il ne sera pas ,, difficile, disoit-il à Chrisophe, qui étoit de ,, Sparte, de dérober ce passage la nuit, en faisant une fausse attaque sur le grand chemin, ,, pour amuser les Barbares, vu la grande étendue de la montagne. Mais il me sied mal de ,, parler de dérober devant un Lacédémonien, ,, chez qui l'on enseigne le larcin à la jeunesse, ,, qu'on châtie, pour l'y rendre plus adroite, ,, lorsqu'elle se laisse prendre sur le fait. Il faut ,, donc maintenant, Chrisophe, que tu montres ,, ton savoir faire; mais sur-tout que tu prennes ,, bien garde à ne pas être pris sur le fait, de ,, peur d'être bien frotté. On s'en acquite assez bien ,, à Athènes, répond Chrisophe, et j'apprends ,, que ceux qui manient les deniers publics ,, sont de très-hardis voleurs, quoiqu'il y ait ,, beaucoup de danger à être surpris, et l'on m'a ,, dit que les plus grands sont les plus habiles; ,, c'est pourquoi c'est à toi de montrer ici ton ,, savoir faire. Pour moi, dit Xénophon, je suis ,, tout prêt à gagner l'éminence, avec mon ,, arrière-garde, et j'ai déjà pris des guides; car ,, nous avons des voleurs dans nos troupes, qui ,, en ont attrapé dans une embuscade ,,.

Il eſt manifeſte que Xénophon parle ici de l'infanterie légère, et très-probable qu'il leur donne cette épithète au ſens figuré et au ſens vrai. Dans pluſieurs endroits, Xénophon obſerve ce que les Généraux françois ne ſe ſont pas laſſés de répéter dans leurs proclamations à leurs armées, ſavoir, que les ſoldats les plus lâches ſont toujours les plus déterminés pillards. Il fait auſſi une grande différence entre les peſamment armés, qui équivalent à ce que les François appèlent troupes de ligne, et les armés à la légère, qui ſont ce que ces mêmes François nomment troupes légères, volontaires ; c'étoient principalement ces derniers qui donnoient tant de ſujets de plaintes de violations de propriété (*).

Les Grecs avoient auſſi des Commiſſaires, qui, de même que ceux des François, rempliſſoient leurs poches d'or ; tandis qu'ils laiſſoient les ſoldats ſouffrir de la faim ; mais ceux-ci exerçoient contre eux une juſtice ſévère. Lorſqu'ils outrepaſſoient par trop la meſure, ils les aſſommoient à coups de pierres, ou les précipitoient dans la Mer-noire.

Les mêmes cauſes produiſent les mêmes effets. Ainſi que contre les Grecs, on vit auſſi

(*) Poſſelt que nous traduiſons ici peut avoir eu raiſon dans le temps qu'il écrivoit ; mais nous avons vu depuis pluſieurs régimens de Chaſſeurs à pied, obſerver une diſcipline qu'un ancien militaire eût admirée dans une troupe de ligne. *Note du Traducteur.*

contre les François, dans plusieurs contrées, les habitans du pays prendre les armes, ce qui ne contribua pas peu pour les uns et pour les autres à augmenter les difficultés de leurs retraites.

Ces deux retraites furent encore dirigées par deux Généraux aussi distingués par leurs talens supérieurs et par leur valeur, qu'ils l'étoient par leur moralité personnelle. Moreau est à ce dernier égard un digne pendant de Xénophon, l'ami et le disciple de Socrate.

Enfin les deux retraites se terminèrent de même. A peine les Grecs, couverts de gloire, étoient-ils de retour dans leur patrie, qu'ils se remirent en marche pour une nouvelle campagne; et l'armée de Rhin et Moselle couronnée d'aussi beaux lauriers, ne fit que repasser le Rhin pour continuer la campagne avec non moins de succès, mais avec plus d'avantage, en défendant, malgré toutes les rigueurs de la saison, les Ponts de Kehl et d'Huningue.

Et qui sait ce qu'auroit fait, à en juger par le plus brillant des débuts, après de très-courts instants de repos, cette armée étonnante, si le ciel touché des maux de l'humanité n'avoit enfin arrêté le cours de tant de calamités, et fait cesser l'effusion de tant de sang humain, par cette heureuse paix tant desirée, dont nous voyons se lever la douce aurore?

SIÈGE
DU FORT DE KEHL
DANS
LES ANNÉES 1796 et 1797.

Peint d'après nature par J. N. Ströhling à Vienne, et publié par Chr: de Mechel, en 1797 et se trouve chez lui à Basle.

RELATION
DU MÉMORABLE SIÈGE
DU FORT DE KEHL

SOUS LES ORDRES DE S. A. R.

L'ARCHIDUC CHARLES

ET SOUS LA DIRECTION DE S. E.

LE COMTE DE LA TOUR

GÉNÉRAL D'ARTILLERIE.

ACCOMPAGNÉE

D'UN PLAN DÉTAILLÉ

DES ATTAQUES ET DE LA DÉFENSE

DE CE MÊME FORT

AVEC

UNE EXPLICATION HISTORIQUE

DES RENVOIS.

Publié par CHRÉTIEN DE MECHEL,

A BASLE.

1798.

RELATION
DU MÉMORABLE SIÈGE
DU FORT DE KEHL,

qui se rendit par capitulation, le 9 Janvier 1797. après 49 jours de tranchée ouverte.

IL étoit aisé de prévoir que le jeune Héros qui avoit déjà mérité, à bon droit, le titre de *Libérateur de l'Allemagne*, après avoir vaincu et comme paralysé l'armée de Jourdan; après avoir par les avantages remportés sur Moreau à Emmendingen et à Schliengen, empêché son armée d'hiverner dans le Brisgau, et l'avoir obligée de repasser le Rhin à Brisack et à Huningue, ne termineroit pas cette campagne sans faire les derniers efforts pour s'emparer des deux têtes de pont de Kehl et d'Huningue. Celle de Kehl étoit la plus importante: aussi ce fut sur elle qu'il dirigea ses premiers efforts.

Moreau étoit donc à peine arrivé à la rive gauche du Rhin, que l'Archiduc Charles, laissant le Prince de Furstemberg avec un corps de 13 bataillons d'infanterie, et de 12 divifions de cavalerie, campé fur la hauteur de Haltingen, à 600 toifes feulement de la tête de pont d'Huningue, fe reporta en toute diligence avec le refte de fon armée vers Kehl, et établit fon Quartier-général à Offenbourg. Les 12 mille hommes à qui Moreau avoit fait repaffer le Rhin, quelques jours avant lui à Brifack, fous le Général Defaix, fe portoient déjà fur Strasbourg; Moreau lui-même ne tarda pas à fuivre ce corps avec fon armée, à la réferve d'un nombre de troupes équivalent à celles du Prince de Furftemberg, qu'il laiffa dans les environs d'Huningue, aux ordres du Général de divifion Férino.

Plus la conquête de ces deux points importoit aux Autrichiens, plus les François étoient intéreffés à les conferver; et jamais il ne fe déploya des moyens, foit pour l'attaque, foit pour la défenfe, auffi difproportionnés en apparence avec les objets qui y donnoient lieu. Pour en citer un feul exemple, les Ingénieurs Autrichiens ont mefuré 25880 toifes courantes de tranchées devant Kehl, et fi l'on y joint l'immenſe étendue des tranchées devant la tête de pont d'Huningue, l'Officier ſupérieur François qui a évalué à 50000 toiſes courantes le total des tranchées des deux Sièges, n'a pas fort exagéré.

Nous n'avons pas pu nous procurer de Relation proprement dite du Siège de Kehl; mais le Plan dont les bontés du jeune Héros, ſous les ordres du quel ce ſiège a été conduit, nous a mis à portée d'enrichir ce Recueil, joint à l'excellente Explication raiſonnée des Renvois de ce ſuperbe Plan, qui accompagnoit ce don précieux, rend toute relation ſuperflue, puiſqu'on y retrouve tous les travaux nuit par nuit, avec tous les détails déſirables; et que cette explication fait mention de tous les événemens un peu eſſentiels qui ont eu lieu. On ne ſait ce qu'on doit le plus admirer; ſoit la grande exactitude, la netteté, le ſoin, ou l'impartialité et la modeſtie qui règnent dans cet ouvrage, que nous avons lieu de croire unique dans ſon genre; mais nous laiſſons à nos lecteurs le ſoin d'en juger par eux-mêmes.

EXPLICATION

EXPLICATION

DES RENVOIS DU PLAN DÉTAILLÉ

DES ATTAQUES ET DE LA DÉFENSE

DU

FORT DE KEHL

ET DES RETRANCHEMENS DES FRANÇOIS.

Nos. I. II. III. VIII. IX. X. XI. XII. XIII. XIV. XV. XX. XXI. XXII. XXIII et XXIV. *Redoutes et Flèches*, dont les intervalles ſont en partie couverts par des lignes. La foibleſſe du corps de troupes Autrichiennes que l'Archiduc avoit laiſſé devant Kehl, avoit exigé ces précautions, pour en aſſurer l'inveſtiſſement contre toute ſurpriſe ou attaque de la part des François, en attendant que l'on fût aſſez en force pour en entreprendre le ſiège dans les formes: entrepriſe d'autant plus difficile que les Aſſiégeans eurent à lutter tantôt contre les plus fortes gelées et les froids les plus rigoureux, tantôt contre le débordement des eaux; mais ſur-tout contre une armée entière, à laquelle la proximité de Strasbourg offroit abondamment tous les moyens de défenſe.

Nos. IV. V. VI. VII. XVI. XVII. XVIII et XIX. *Redoutes* qui furent conftruites plus tard, et auffi-tôt que les innondations du mois d'Octobre eurent ceffé par la rentrée des eaux dans leur lit ordinaire. Ces ouvrages furent pareillement liés par des courtines. Ils parurent indifpenfables pour refferrer plus étroitement les défenfeurs de Kehl, et pour fournir en même tems des emplacemens propres à recevoir et protéger les réferves Autrichiennes deftinées à repouffer les forties du camp retranché et du Fort.

Il eft effentiel d'obferver que les Redoutes et Retranchemens IV et V. IX et X. dans la vigoureufe fortie que le Général en Chef Moreau fit en perfonne, le 22 Novembre au point du jour, à la tête de 20 mille combattans, non compris la réferve, ni les troupes qu'il avoit laiffées pour la garde du camp retranché et du fort de Kehl, furent d'abord furprifes et emportées par les François, tandis que les Redoutes VI. VII. VIII. XI et XII. de cette même ligne de contrevallation réfiftèrent, avec une valeur opiniâtre aux efforts acharnés des attaquans, et vigoureufement fecondées par le feu des ouvrages les plus à portée I. II et III. arrêtérent leurs progrès jufqu'à l'arrivée des réferves Autrichiennes, qui, renforcées par les 6 bataillons de travailleurs armés de la tranchée, ouverte la nuit précédente, sur la droite de la Kintzig, jettèrent avec énergie les François hors du village retranché de Sundheim X. leur firent évacuer les susdites redoutes IV. V et IX. et les forçèrent de regagner leur camp retranché, avec une perte considérable.

a. *Attaque secondaire* à l'aile droite, destinée à protéger l'ouverture et les progrès des tranchées de la véritable attaque à la gauche.

b. *Véritable attaque*, ouverte à l'aile gauche, et qui fut continuée sans interruption jusqu'à la prise du camp retranché et du Fort de Kehl,

c. *Presqu'isle inférieure d'Auenheim*, enlevée de vive force, dès le commencement du siége, par les Autrichiens, tant pour la sureté du flanc droit de leurs tranchées, que pour pousser sur cette presqu'isle des travaux particulièrement destinés à recevoir des batteries qui ôtassent aux François l'espoir et les moyens d'établir de nouveaux ponts, ou une communication par batteaux au-dessous du fort de Kehl, lorsque leurs ponts placés vis-à-vis de ce fort seroient foudroyés par les batteries de la véritable attaque.

d. Isle nommée *Grande Tête de Kehl*, en liaison de défense avec un poste avancé des François placé sur la rive droite du Rhin. L'Isle et l'ouvrage furent pris d'emblée au commencement du siège, par les Autrichiens, tant pour la sureté du flanc gauche de leurs tranchées, que pour en favoriser les progrès ultérieurs. Ils fortifièrent l'un et l'autre par des fraises et des pallissades, pour s'en assurer la possession; aussi les François firent-ils de vains efforts pour les récupérer.

e. *Le Piquet de Dourlach;* (ou *Ehrlen-Rhein*) Presqu'isle qui fut opiniâtrement défendue par les François jusqu'au 1er. Janvier 1797. qu'une partie leur en fut enlevée d'assaut par les Autrichiens, avec les petites flèches avancées; ce qui permit ensuite aux Assiégeans de pousser vigoureusement leurs Approches contre la Tête du Pont volant; en sorte que les François furent contraints d'évacuer ce Poste, dans la nuit du 5 au 6 du même mois, ainsi que la grande Redoute pallissadée, marquée

f. avec perte de 2 canons un caisson et 17 pontons.

g. *La Redoute des Souabes*, occupée par les François avec du canon, et garnie de fougasses sous la contre escarpe. (Les François lui avoient donné le nom de *Redoute des trous de loups.*)

h. *Retranchement des François*, que les Assiégeans leur enlevèrent de vive force, le 1er. Janvier 1797. ainsi que la redoute des Souabes, et 7 canons avec un gros pierrier. Les Assiégeans s'y logèrent immédiatement ſur l'eſcarpement des parapets, lièrent vers la droite leur logement aux tranchées, par une ligne en forme de parallèle, et tirèrent au centre des boyaux de communication.

i. *Flèche des François*, dont les Aſſiégeans s'emparèrent de vive force dans la nuit du 2me. Janvier, pour établir la communication entre le ſuſdit logement et la gauche de leurs tranchées.

k. *Ouvrages des François*, ſervant à aſſurer leur communication, entre le fort et les retranchemens g. h, particulièrement auſſi à couvrir leurs ponts ſur le Rhin, et à s'oppoſer aux progrès des travaux deſtinés à recevoir les batteries qui devoient foudroyer ces ponts. Comme il étoit de la plus haute importance pour les Aſſiégeans de ſe rendre maîtres de ces ouvrages et de s'y établir, ils les emportèrent d'aſſaut et s'y logèrent dans la nuit du 6 au 7 du même mois.

l. *Redoute du Cimetière;* quoiqu'elle ne fut pas compriſe dans le projet de l'aſſaut donné aux ouvrages précédens, elle céda pareillement à l'ardeur dont le ſoldat Autrichien ſe trouvoit animé; néanmoins comme elle étoit fort près de la place, dont le feu la dominoit en tous les ſens, et qu'on n'étoit point encore en meſure d'y conduire une communication, elle fut abandonnée avant le point du jour.

m. *Grosse Redoute bastionnée*, (ou plutôt étoilée) occupée au commencement de l'investissement, par les François, et que le débordement des eaux leur fit abandonner le 14me. d'Octobre. Les Autrichiens la rasèrent tout-aussitôt, et la réunirent ensuite à leurs tranchées de l'attaque auxiliaire.

n. *Flèches avancées du Piquet de Dourlach (ou Ehrlen-Rhein)*, ainsi que d'autres Flèches semblables répandues en avant des retranchemens des François. Il est à remarquer à l'égard de celles du Piquet de Dourlach (ou Ehrlen-Rhein) qu'elles étoient liées par une communication, en partie pallissadée et en partie en forme de tranchée, pour couvrir les postes François destinés à soutenir la gorge de la presqu'isle : les Assiégés garnissoient ces Flèches de canon de petit calibre, mais seulement pendant le jour; elles furent défendues avec opiniâtreté et devinrent le théâtre de diverses prises et reprises, jusqu'à l'époque du susdit assaut du 1er. Janvier où elles furent emportées par les Autrichiens, qui les maintinrent irrévocablement dans leur possession.

o. *Petites Flèches* encaissées, en avant du camp retranché des François, où se tenoient 20 à 30 tirailleurs, qui inquiétoient beaucoup, par la vivacité de leur feu, la tête des travailleurs Autrichiens.

p. *Plattes-formes défensives* construites dans les parallèles, pour tirer à mitraille avec des piéces de campagne sur les sorties fréquentes des Assiégés. Ces Plattes-formes remplirent merveilleusement leur objet.

q. *Épaulemens* construits par les Autrichiens pour couvrir leurs réserves de cavalerie.

r. *Ouvertures établies par les Autrichiens* pour faciliter à la cavalerie les moyens de repousser efficacement les François, au cas qu'ils menaçassent la tranchée dans quelque sortie.

s. *Ponts de communication* partie sur pontons, partie sur radeaux.

t. *Barraques*, à l'épreuve de l'obuse et du boulet, construites dans les parallèles avec des poutres et des madriers, et sur-chargées de terre, pour les Généraux de tranchée.

Observation. La Maison de poste, désignée sur le Plan, en toutes lettres, fut opiniâtrément défendue par les François, et devint le théâtre sanglant de plusieurs prises et reprises, jusqu'à ce qu'elle fut irrévocablement emportée par les Autrichiens le 19 Décembre, et occupée par leurs logemens de la nuit suivante.

Les ouvrages et retranchemens indiqués sur le Papillon, furent élevés par les François, auxquels les Autrichiens les enlevèrent; après quoi ils en tournèrent les profils et les firent servir à leurs attaques, ainsi qu'on le voit dans le Plan.

ORDRE DE BATAILLE
DE
L'ARMÉE DU SIÈGE
SOUS LE COMMANDEMENT DE S. E. Mr. LE COMTE DE LA TOUR, GÉNÉRAL D'ARTILLERIE.

INFANTERIE.
LIEUTENANT-GÉNÉRAL STAADER.

Bataillons		*Généraux Major*
2.	du Corps franc de Laudon verd	Prince Frédéric d'Orange
1.	3e. des Szeckler	
1.	3e. du Bannat	
1.	3e. des Esclavons	
1.	5e. *idem.*	
3.	de Sztarray	Zopf.
2.	de Benyovsky	
1.	de Nadasty.	
12	Bataillons.	

1.	de l'Archiduc Antoine	Bürger
2.	d'Olivier Wallis	
2.	de Kaunitz	
3.	d'Alton	
1.	de Jos. Colloredo	
1.	3e. de Gemingen	Terney.
1.	3e. de l'Empereur	
4.	des Grenadiers de Retz, Reisinger, Dietrich et Pitsch.	
15.		

LIEUTENANT

LIEUTENANT - GÉNÉRAL PETRASCH.

Bataillons	*Généraux Majors.*
2. du Corps franc de Gyulay	
3. de l'Archiduc Charles	
2. de François Kinsky	Kerpen
2. de Charles Schroeder	
2. du Grand Duc de Toscane	
1. de Michel Wallis	Foulon
1. de Wenceslas Colloredo	
1. de Ligne	
14 Bataillons.	

LIEUTENANT-GÉNÉRAL RIESE.

Bataillons	*Généraux Majors.*
2. du Corps franc de Servie	
3. de Wartensleben	Baillet
1. 8e. des Esclavons	
2. de Hohenlohe	
1. de Wenckheim	Sebottendorf
1. de Gemingen	
4. des Grenadiers de Candiani, Szenassi, Absaltern et Büdeskuty.	Hegel
14 Bataillons.	

CAVALERIE.

CAVALERIE.

LIEUTENANTS - GÉNÉRAUX MELS-COLLOREDO et KOSPOTH.

Escadrons		Généraux Majors.
10.	des Husards des Frontières	Merfeld
6.	de Levener, Chevaux légers	
6.	de Karackzay, *idem*	
6.	du Prince de Lorraine, Cuirassiers	O'Reilly
6.	de l'Empereur, Chevaux légers	
2.	de l'Empereur, Carabiniers et Chevaux légers	
4.	de l'Archiduc Jean, Dragons	Nauendorf.
6.	de Hohenzollern, Cuirassiers	
46	Escadrons.	

TOTAL

55 Bataillons } formant ensemble 40,000 hommes.
46 Escadrons }

La Direction du siège, quant à la partie du Génie, avoit pour chef le Colonel *Szeredai* qui, après le siège fut promu au grade de Général-Major.

L'Artillerie étoit commandée par le Feld-Maréchal-Lieutenant *Comte de Kollovrath*, propriétaire du 2e. Régiment d'Artillerie.

Camp barraqué du Corps de troupes Autrichiennes qui formoit le siège, fort de 40,000 hommes y compris la cavalerie.

Camp barraqué et Position des François, fort de 12 à 15,000 hommes, non compris la Garnison de la Place et leur Réserve d'outre Rhin.

EMPLACEMENT

ET DÉNOMINATION DES BATTERIES,

avec l'Indication de leur direction, de la durée de leur feu, et du nombre de coups qu'elles tirèrent, pendant le Siége.

Nos. des batteries.

1. . . . 4 Obusiers de siège, de 6 pouces de calibre; ils ont fait feu du 28e. Novembre au 2e. Décembre sur les François, postés dans les débris du village de Kehl, et sur le demi-bastion de l'ouvrage à corne supérieur qui couvre la Ville.

2. . . . 4 Obusiers de même calibre; ils ont fait feu du 28e. Novembre au 25e. Décembre et furent employés au même objet.

2 1/2. . . 2 Pièces de bataille de 12 livres de balle; ont fait feu du 28e. Novembre au 3e. Décembre sur le Pont de la Kintzig, et sur le Fort de Kehl.

3. . . . 6 Pièces de batterie de 12 livres de balle; ont fait feu du 28e. Novembre au 9e. Janvier, sur la face du demi-bastion de l'ouvrage-à corne supérieur.

Nos. des batteries.

4. . . 4 Obusiers de batterie, de 10 livres de balle ; ont fait feu du 28e. Novembre au 9e. Janvier, sur la Ville et le Fort.

5. . . 4 Pièces de batterie de 12 livres, et

6. . . 4 Pièces de bataille de 18 livres de balle ; ont fait feu du 28e. Novembre au 24e. Décembre sur le flanc de l'ouvrage à corne inférieur.

7. . . 2 Pièces de bataille de 12 livres de balle, 2 Obusiers de batterie de 10 livres, et 4 Mortiers de 30 livres; ont tiré du 28e. Novembre au 9e. Janvier sur les logemens des François dans l'arrière partie du village de Kehl, et particulièrement sur l'ouvrage à corne supérieur.

7 1/2. . 4 Pièces de bataille de 18 livres de balle ; ont fait feu du 28e. Novembre au 9e. Janvier, sur l'ouvrage à corne inférieur.

8. . . 6 Pièces de batterie de 18 livres de balle; ont fait feu du 5e. au 28e. Décembre sur le grand Pont à pilotis du Rhin, et sur la communication de ce Pont au Camp retranché.

Nos. des batteries.

9. . . . 4 Obusiers de batterie de 10 livres ont fait feu du 5e. au 31e. Décembre sur les Retranchemens les plus avancés du Camp.

10. . . . 4 Pièces de bataille de 12 livres de balle; ont fait feu du 5e. au 23e. Décembre sur les mêmes Retranchemens.

11. . . . 4 Obusiers de siège de 6 pouces de calibre; ont tiré du 5e. au 13e. Décembre sur le centre du Camp retranché.

12. . . . 4 Pièces de batterie de 12 livres de balle; ont fait feu du 5e. au 11e. Décembre sur le Camp, dans différentes directions.

13. . . . 4 Pièces de batterie de 12 livres de balle; ont fait feu du 10e. Décembre au 3e. Janvier, contre les Retranchemens de la presqu'Isle du Piquet de Dourlach.

14. . . . 4 Pièces de bataille de 18 livres de balle; ont fait feu du 10e. Décembre au 6e. Janvier, sur la grande Redoute pallissadée *f*.

Nos. des batteries.

15. . . 2 Obusiers de campagne de 7 livres et 2 Obusiers de siége de 6 pouces de calibre placés sur l'Isle de la grande Tête-de-Kehl, ont fait feu du 10e. Décembre au 6e. Janvier, sur les Retranchemens de la presqu'Isle du Piquet de Dourlach.

16. . . 2 Pièces de bataille de 12 livres de balle et 2 Obusiers de campagne de 7 livres; elles ont fait feu du 10e. Décembre au 2e. Janvier, pour balayer le terrein de la presqu'Isle du Piquet de Dourlach, entre la Digue et le Rhin.

17. . . 4 Pièces de bataille de 12 livres de balle; ont fait feu du 15e. au 23e. Décembre, sur la maison de Poste du village de Kehl, et sur les logemens des François dans la partie intermédiaire de la dite maison et de la Ville.

18. . . 4 Pièces de batterie de 12 livres de balle; ont fait feu du 15e. Décembre au 6e. Janvier, sur les Retranchemens du Piquet de Dourlach et sur la droite du Camp retranché.

Nos. des batteries.

19. . . 4 Pièces de bataille de 12 livres de balle, placées sur l'Isle nommée grande Tête-de-Kehl, ont battu, dans la journée du 1er. Janvier, les Flèches avancées *n*, de la presqu'Isle du Piquet de Dourlach et une partie de la ligne du Camp retranché, à revers; ensuite elles ont tiré jusqu'au 6. du même mois, sur la Tête-de-Pont du dit Piquet de Dourlach.

20. . . 4 Pièces de batterie de 12 livres de balle; ont fait feu du 19e. Décembre au 9e. Janvier, pour démonter le Canon de la Lunette ou Tête-de-Pont des François dans l'anse de la Kintzig, voisine du Fort de Kehl.

21. . . 2 Pièces de bataille de 12 livres de balle.

22. . . 2 Pièces *idem.*

23. . . 2 Pièces *idem.* Ces trois batteries ont fait feu du 19e. au 20e. Décembre sur la maison de Poste du village de Kehl, et sur les avenues par lesquelles les François pouvoient y amener du secours.

Nos. des batteries.

24. . . { 1 Obusier à longue portée, de 6 pouces de calibre.
4 Mortiers de 30 livres; ont fait feu du 29e. Décembre au 9e. Janvier, l'Obusier sur la Citadelle de Strasbourg; et les Mortiers sur la Lunette et sur le Fort.

25. . . 4 Pièces de bataille de 18 livres de balle; ont fait feu du 1er. au 9e. Janvier sur le flanc et sur le ravelin de l'ouvrage à corne inférieur.

26. . . 4 Pièces de batterie de 18 livres de balle; ont fait feu du 1er. au 9e. Janvier sur les faces des deux demi-bastions, et sur la bonnette du ravelin de l'ouvrage à corne supérieur.

27. . . 4 Pièces de batterie de 24 livres de balle; ont fait feu du 1er. au 9e. Janvier sur la face du demi-bastion gauche de l'ouvrage à corne supérieur; de sorte que la direction prolongée de ces tirs tomboit sur le Pont-du-Rhin, et devoit désoler la communication de ce Pont au Camp retranché.

Nos. des batteries.

28. . . 4 Pièces de batterie de 12 livres de balle; ont fait feu du 1er. au 9e. Janvier fur le flanc de la Redoute des Souabes *g*, et tourmenté à revers la partie attenante des Retranchemens François.

29. . . 4 Pièces de bataille de 12 livres de balle; ont fait feu, du 1er. au 2e. Janvier pour battre en front la dite redoute et les Retranchemens adjacens.

30. . . 4 Pièces *idem*; elles ont fait feu du 1er. au 2e. Janvier pour démonter le Canon des dits Retranchemens jusques vers le Piquet de Dourlach.

31. . . 4 }
31 1/2. . 3 } Pièces de bataille de 6 livres de balle; ont tiré du 1er. au 2e. Janvier, à revers et en écharpe fur les Flèches avancées et les logemens des François à la gorge du Piquet de Dourlach. L'on voit que le feu de ces cinq dernières batteries fervit de prélude à l'affaut donné dans la nuit du 1er. au 2 Janvier, où les Autrichiens emportèrent de haute lutte

Nos. des batteries.

la Redoute des Souabes, les Flèches avancées du Piquet de Dourlach et la plus grande partie des retranchemens intermédiaires.

32. . . 4 Pièces de batterie de 12 livres de balle; ont fait feu du 7e. au 9e. Janvier, sur la gauche du front de l'ouvrage à corne supérieur.

33. . . 4 Pièces de bataille de 18 livres de balle; ont fait feu du 8e. au 9e. Janvier, à découvert, sur le Pont de batteaux du Rhin, et l'ont fort endommagé.

34. . . 3 Obusiers de batterie de 10 livres ont fait feu du 5e. au 7e. Janvier pour tourmenter à revers le retranchement *k*

35. . . 4 Pièces de bataille de 12 livres de balle.

36. . . 4 Pièces *idem*. Ces deux batteries ont fait feu du 5e. au 6e. Janvier sur la grande Redoute palissadée, attenante à la Tête-de-Pont du Piquet de Dourlach.

37. . . 2 Pièces de bataille de 12 livres de balle; on fait feu du 5e. au 6e. Janvier sur les deux Ponts de com-

Nos. des batteries.

munication de la Redoute paliſſadée à la ſuſdite Tête-de-Pont.

38. . . 4 Obuſiers de ſiège, de 6 pouces de calibre;

39. . . 4 Mortiers de 30 livres; et

40. . . 4 Pièces de batterie de 12 livres de balle; ont tiré du 8 au 9 Janvier pour démonter le front de l'ouvrage à corne ſupérieur.

41. . . 2 Obuſiers de batterie de 10 livres, et

42. . . 4 Pièces de bataille de 12 livres de balle, ont fait feu du 8e. au 9e. Janvier ſur le Pont de batteaux du Rhin, et l'ont tellement foudroyé que les François ne furent plus en état de le rétablir ſous ce feu.

43. . . { 1 Obuſier de ſiège à longue portée de 6 pouces de calibre, et
3 Mortiers à la Gomer, de 30 livres de balle, ont fait feu du 8e. au 9e. Janvier ſur la Citadelle et la Ville de Strasbourg.

Les pièces d'artillerie furent successivement transportées des arrières batteries que le progrès des travaux sesoit abandonner, dans les nouvelles qui devoient entrer en jeu.

Les Assiégeans ont lancé pendant le siège 93002 boulets de 3. 6. 12. 18 et 24 livres; 2914 Boites à mitraille; 29887 tant Grenades de 6 pouces de calibre, de 7 et de 10 livres, que Bombes de 30 livres.

Total 125803 coups.

TABELLE

DU TRAVAIL DES TRANCHÉES

soit du nombre des Toises courrantes ouvertes chaque nuit, indiqué sur lé Plan par 7 couleurs differentes et alternatives ainsi que par des petits chiffres panchés.

DATES DES NUITS DE TRAVAIL.			SUITE DES NUITS.	COULEURS ALTERNATIVES DES NUITS.	TRAVAIL DE CHAQUE NUIT EN TOISES COURRANTES.
Novembre 1796.					
du 21	au	22.	1	cinabre	2685.
22	—	23.	2	bleu	480.
23	—	24.	3	brun	180.
24	—	25.	4	jaune	797.
26	—	27.	6	carmin	485.
27	—	28.	7	verd	380.
28	—	29.	8	violet	740.
29	—	30.	9	cinabre	1788.
30	—	1er.	10	bleu	610.
Décembre.					
du 1	au	2.	11	brun	690.
3	—	4.	13	jaune	596.
4	—	5.	14	carmin	380.
5	—	6.	15	verd	1261.
6	—	7.	16	violet	216.
					11288.

DATES DES NUITS DE TRAVAIL.			SUITE DES NUITS.	COULEURS ALTERNATIVES DES NUITS.	TRAVAIL DE CHAQUE NUIT EN TOISES COURRANTES.
Décembre.				Tranſport	11288.
du 7	au	8.	17	cinabre	370.
8	—	9.	18	bleu	190.
9	—	10.	19	brun	430.
10	—	11.	20	jaune	800.
11	—	12.	21	carmin	330.
12	—	13.	22	verd	360.
13	—	14.	23	violet	1076.
14	—	15.	24	cinabre	510.
15	—	16.	25	bleu	420.
16	—	17.	26	brun	56.
17	—	18.	27	jaune	590.
18	—	19.	28	carmin	230.
19	—	20.	29	verd	470.
20	—	21.	30	violet	52.
21	—	22.	31	cinabre	230.
22	—	23.	32	bleu	315.
23	—	24.	33	brun	144.
24	—	25.	34	jaune	325.
25	—	26.	35	carmin	382.
26	—	27.	36	verd	237.
27	—	28.	37	violet	96.
28	—	29.	38	cinabre	146.
					25495.

DATES DES NUITS DE TRAVAIL.	SUITE DES NUITS.	COULEURS ALTERNATIVES DES NUITS.	TRAVAIL DE CHAQUE NUIT EN TOISES COURRANTES.
Décembre.		Transport	25495.
du 29 au 30.	39	bleu	220.
30 — 31.	40	brun	80.
31 — 1er.	41	jaune	85.
Janvier 1797.			
1 au 2.	42	carmin	1481.
2 — 3.	43	verd	488.
3 — 4.	44	violet	655.
4 — 5.	45	cinabre	367.
5 — 6.	46	bleu.	648.
6 — 7.	47	brun	952.
7 — 8.	48	jaune	776.
8. — 9.	49	carmin	1081.
Total en Toises courrantes .			25880.

Note. La 5. et la 12. nuit ne furent employées qu'à perfectionner le travail des nuits précédentes.

APRÈS la lecture de cettte explication, ayant ſous les yeux le plan auquel elle renvoie, il n'eſt aucun militaire ou amateur, pour peu qu'il ait d'inſtruction, qui n'ait acquis une idée complette de ce ſiège à jamais mémorable, tant relativement à l'attaque qu'à la défenſe. La meilleure relation françoiſe que nous en ayons vu s'accorde en tous les points eſſentiels avec l'Explication Autrichienne ; mais pour ne rien laiſſer à déſirer à nos lecteurs, et nous ôſons preſque dire, à la poſtérité, ſur ce que ce grand événement offre de plus intéreſſant, nous ajouterons encore quelques faits tirés de cette relation, qui méritent d'être conſervés.

Ce fut le 25 d'Octobre que les Autrichiens, qui tenoient Kehl inveſti depuis la fin de Septembre, commencèrent à conſtruire leurs lignes de contrevallation auxquelles ils employèrent de fortes réquiſitions de payſans de la rive droite du Rhin au moyen deſquels ces lignes furent d'autant plus promptement terminées, que les François n'en inquiétèrent jamais les travaux. Leur camp retranché, leurs ouvrages avancés et le Fort même de Kehl n'étoient pas finis alors ; ils n'étoient qu'ébauchés ; les trois-quarts même n'étoient pas palliſſadés, ainſi c'eut été de leur part une grande imprudence de s'expoſer, en cas d'une retraite un

peu

peu précipitée, à n'avoir rien pour arrêter le vainqueur, d'autant qu'ils n'avoient pas un moment à perdre pour pouſſer leurs propres travaux, qu'une attaque eut néceſſairement interrompus.

La Relation Françoiſe de la grande ſortie de Moreau, le 22 Novembre, s'accorde entièrement avec ce qui eſt rapporté dans l'Explication ci-deſſus. Le Général Moreau y reçut une balle morte à la tête; et le Général Deſaix eut un cheval tué ſous lui, ainſi que le Général Autrichien La Tour. Le combat fut ſanglant et les troupes des deux parts y montrèrent une grande valeur. Les François étoient en effet 20 mille hommes, dont 4 mille de cavalerie, mais cette dernière arme ne fut pas à même d'agir. Le ſort de cette journée décida de celui de Kehl en démontrant aux François que les Autrichiens étoient trop bien retranchés pour leur permettre de pouvoir déployer un corps de troupes aſſez conſidérable pour les y forcer.

Le 24 Novembre les travaux des Aſſiégés étoient aſſez avancés pour qu'ils puſſent ſe croire à l'abri d'un coup de main; pour lors ils commencèrent à faire jouer leur artillerie; ils firent jour et nuit un feu aſſez vif ſans que les Aſſiégeans y répondiſſent. Ce ne fut que le 28 à ſept heures du matin que ces derniers démaſquèrent toutes leurs batteries à la fois et firent toute cette journée un feu terrible. Ce feu dura avec beaucoup de vivacité de part et d'autre jusqu'au 6 Décembre, sans événemens remarquables. Les Assiégés faisoient souvent de petites sorties sur la droite des attaques, mais ils conviennent que la tactique des Assiégeans dans toutes ces sorties les forcèrent chaque fois à la retraite. Cette tactique consistoit à leur abandonner toujours les premiers ouvrages, sans aucune résistance ; d'aller se r'allier derrière les secondes lignes et de revenir ensuite les repousser à l'aide des renforts qu'ils y trouvoient. Les compagnies Françoises de Grenadiers ont, de leur propre aveu, beaucoup souffert dans quelques unes de ces sorties.

Cette même Relation parle aussi des combats sanglans, opiniâtres et récidivés qui se donnèrent, comme on la vu dans l'explication, pour la Maison de Poste du village de Kehl ; l'Archiduc se trouva en personne à celui du 9 au 10 Décembre, et les François conviennent que la présence de ce jeune Héros exerçoit un pouvoir magique sur ses soldats.

Dans le tems que les Assiégeans firent leurs premières tantatives pour s'emparer de la presqu'Isle d'Ehrlen-Rhein ou Piquet de Dourlack, dans les nuits du 10 au 11 et du 11 au 12 Décembre, ils lancèrent, au point du jour, sans doute pour séconder leurs attaques, deux brulots destinés à incendier le pont de batteau des Assiégés (l'autre étoit déjà hors de service), mais l'estacade déſignée, en toutes lettres, ſur le plan, et l'exacte ſurveillance des pontonniers, déjouèrent cette tentative et toutes les autres de ce genre que les Aſſiégeans mirent en uſage pour le même but. Ces brulots étoient des nacelles remplies de poudre et de bombes chargées. Ils avoient un mât, dont le choc contre le plancher du Pont devoit faire partir deux platines de fuſil diſpoſées pour mettre le feu à la poudre; mais ils furent arrêtés et conduits à terre à une demi-lieue au-deſſus du pont. S'ils euſſent fait leur effet leur exploſion auroit été très-conſidérable, et ils euſſent pû cauſer beaucoup de mal aux Aſſiégés. La Relation Françoiſe rend toute la juſtice due à la valeur avec laquelle les troupes Autrichiennes firent leur vigoureuſe attaque du 1er. Janvier et du 6. Le 7 et le 8 les Aſſiégeans continuèrent d'avancer leurs ouvrages, et à perfectionner leurs batteries 41. et 42, qui les mirent en état de foudroyer tellement le pont des Aſſiégés, qu'ils ne leur fut plus poſſible de le réparer; de ſorte qu'on dût regarder dès lors cette communication comme nulle et impraticable. Ils voulurent établir un pont volant au-deſſous du pont de batteaux, mais il eut encore été inquiété par le canon et eut exigé un trop grand détour pour arriver à Kehl. D'ailleurs ce Fort n'étoit plus en état de ſoutenir une attaque de vive force un peu vigoureuſe; preſque toutes les paliſſades étoient renverſées, les foſſés comblés en partie par l'éboulement des parapets; enfin l'arrivée des renforts étoit devenue très-difficile; vouloir donc s'y maintenir encore, c'étoit s'expoſer à perdre entièrement les troupes et l'artillerie qui ſervoient à ſa défenſe et dont la retraite étoit devenue impoſſible; et puis l'on ne pouvoit ſe promettre d'y réſiſter encore long-tems. On ſe décida donc à l'évacuer à dix heures du matin. Pendant qu'on travailloit à l'établiſſement du pont volant, le Général Déſaix alla propoſer cette évacuation au Général La Tour, et il fut convenu entr'eux que les troupes Autrichiennes entreroient à Kehl le 10 Janvier à quatre heures du ſoir. On travailla ſur le champ à rétablir le pont qui fut praticable à deux heures. On n'eut donc guères que 24 heures pour tout enlever. Néanmoins on y mit une telle activité, qu'on ne laiſſa pas aux Aſſiégeans une ſeule palliſſade; tout fut ramené ſur la rive droite, juſqu'aux éclats de bombes et d'obus et aux bois des plattes-formes. A quatre heures, lorſque les Aſſiégeans en prirent poſſeſſion, à la vue d'une foule de curieux des deux Nations, il ne reſtoit abſolument rien à Kehl que de la terre et des ruines, et l'on commença à démolir le pont.

Le froid devenu des plus vifs dès le commencement du ſiège, la diſette du bois, et Kehl qui ne préſentoit plus aucun abri à des troupes mal vêtues, avoient engagé le Général François à décider que celles qui feroient le fervice à Kehl et dans les ouvrages et dans les Isles de la rive droite, feroient relevées par tiers ; de forte que chaque demi-brigade employée à ce fiège fur fix jours paffoit 48 heures à Kehl et 4 jours à fe repofer dans les cantonnemens voifins. Les canonniers n'étant pas affez nombreux pour jouïr du même repos, paffoient 48 heures dans les batteries et 48 à fe repofer. La force des troupes du fervice journalier étoit au commencement du fiège de 6 à 7 mille hommes, non compris deux demi-brigades campées en réferve dans l'Isle du Rhin. Les François ont eu jufqu'à 108 bouches à feu en batterie fur la rive droite, et une cinquantaine fur la rive gauche. Leur confommation ordinaire de poudre étoit de 6 à 8 milliers dans 24 heures. Les Généraux Défaix et S. Cyr partagoient le commandement de Kehl, et fe relevoient tous les cinq jours. Ils avoient fous leurs ordres un certain nombre de généraux de division et de brigade, qui fe relevoient tous les deux jours. Le Général de divifion Eblé y commandoit l'Artillerie, et le Général de brigade Bois-gérard le Génie,

Tel fut un des fièges les plus mémorables que puiffe offrir l'hiftoire. Cinquante jours de tranchée ouverte, 60 bataillons d'excellentes troupes, commandées par un jeune Héros couvert de gloire, un développement de travaux immenfe que le fiège d'une place du premier rang eut à peine exigé, contre un mauvais fort, en mauvais état, et des retranchemens encore informes. Mais ce fort ne pouvoit pas être investi, ces retranchemens ne pouvoient pas être tournés; ils communiquoient avec une armée d'intrépides défenseurs acculée à la ville de Strasbourg, laquelle ville pouvoit suppléer à tout ce qui leur manquoit. Il étoit par conséquent de la sagesse de l'Archiduc d'employer les moyens dont il s'est servi pour parvenir avec certitude à son but dont il ne s'est point écarté un seul instant. Il auroit pu sans doute abréger la besogne par un de ces coups hardis qu'on a vu souvent réussir; mais on conviendra qu'il avoit aussi contre lui des chances contraires qui, jointes à l'affreuse effusion de sang que de pareils moyens nécessitent, les interdisoient par cela même à sa prudence et sur-tout à son humanité. Malgré tous les ménagemens dont on usa de part et d'autre, pour la conservation de tant de braves gens, qui ont montré tant de courage de patience et de dextérité, (les François font eux-mêmes un bel éloge de celle des canonniers Autrichiens) on ne peut se dissimuler que ce siège n'en ait consommé beaucoup, et pendant sa longue durée et par les suites des blessures et des fatigues. Puisse encore avant le renouvellement du siècle, après tant de calamités, un calme bien raffermi, rendre à la triste humanité le repos après lequel elle soupire depuis si long-tems!

ETAT
DES TROUPES EMPLOYÉES A LA DÉFENSE.
DE KEHL.

Les Généraux de division DÉSAIX *et* GOUVION SAINT-CYR, *commandans la défense.*

GÉNÉRAUX DE DIVISION.	GÉNÉRAUX DE BRIGADE.	ADJUDANS GÉNÉRAUX.
	Davoust.	Bouland.
	Decaen.	Demont.
Ambert.	Eckmayer.	Gudin.
Duhesme.	Le Courbe.	Grandjean.
Ste. Suzanne.	Montrichard.	Levasseur.
	Thareau.	Molitor.

DEMI-BRIGADE.	NOMBRE DE BATAILLONS.
3e. de ligne	3.
10. *idem*	3.
31. *idem*	3.
44. *idem*	3.
62. *idem*	3.
68. *idem*	3.
76. *idem*	3.
84. *idem*	3.
93. *idem*	1.
97. *idem*	3.
100. *idem*	3.
103. *idem*	3.
106. *idem*	3.
109. *idem*	3.
	40. Bataillons.

De ces 40 bataillons il y en avoit,
6. dans le Fort de Kehl,
3. dans le camp retranché,
3. dans l'Isle d'Ehrlen-Kopf,
3. dans l'Isle de la Kintzig, et
6. dans l'Isle du Rhin, qui formoient une réserve.

Les autres étoient cantonnés dans les villages autour de Strasbourg, et se relevoient tous les trois jours à Kehl, depuis le 30 Novembre.

Le Général de division *Eblé*, commandoit l'artillerie.

Le Général de brigade *Bois-Gerard*, commandoit le Génie.

Le Chef de bataillon *Dedon*, commandoit les pontonniers.

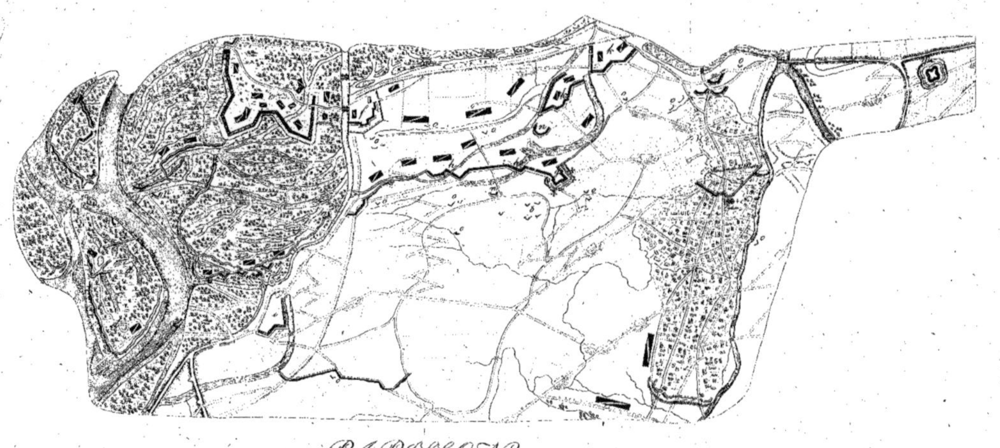

PAPILLON
pour
Le Plan du Siège de Kehl.
qui représente la position des François jusqu'au 1er Janvier 1797

SIÉGE
DE LA
TÊTE-DE-PONT
D'HUNINGUE,
DANS LES ANNÉES
1796 & 1797.

RELATION
DES
PRINCIPAUX ÉVÉNEMENS
DU SIÉGE
DE LA TÊTE-DE-PONT
D'HUNINGUE,

SOUS LES ORDRES DE SON ALTESSE

LE PRINCE DE FURSTENBERG,

LIEUTENANT-GÉNÉRAL AU SERVICE D'AUTRICHE.

EXTRAITE DE PIÉCES AUTHENTIQUES,

ET ACCOMPAGNÉE

D'UN PLAN TOPOGRAPHIQUE

TRÈS-ÉTENDU,

DANS LEQUEL ON A TRACÉ EXACTEMENT

LES TRAVAUX DE CE SIÉGE,

TANT DES ATTAQUES QUE DE LA DÉFENSE.

Publiée par CHRÉTIEN DE MECHEL,

A BASLE.

1798.

RELATION DES PRINCIPAUX ÉVÉNEMENS DU SIÉGE DE LA TÊTE-DE-PONT D'HUNINGUE.

IL nous reſte encore à donner à nos lecteurs la relation du ſiége et de la défenſe de la Tête-de-Pont d'Huningue, qui fut le complément de cette étonnante Campagne ; nous commencerons ce récit là où nous avons laiſſé Moreau, en terminant le narré de ſa glorieuſe retraite,

Après que l'armée françoiſe eut achevé de repaſſer le Rhin, S. A. R. l'Archiduc Charles ſe rendit en hâte, avec une grande partie de la ſienne, aux environs d'Offenbourg, pour pouſſer vigoureuſement le ſiége de la tête-de-pont de Kehl ; laiſſant le Lieutenant-Général Prince de Fürſtenberg ſur le Haut-Rhin, avec un corps de troupes ſuffiſant pour couvrir cette partie et faire au beſoin le ſiége de la tête-de-pont d'Huningue, dont au reſte pluſieurs militaires regardoient le ſort comme dépendant de celui de Kehl, à moins que l'Archiduc Charles ne ſe fût déterminé à forcer ces ouvrages encore très-imparfaits, au moment même qu'il y fut arrivé avec ſon armée, postée sur le Plateau de Weyl et Haltingen, à 600 toises de la tête-de-pont.

Les Autrichiens commencèrent d'abord par rétablir les batteries, dont ils avoient antérieurement garni les hauteurs qui dominent la tête-de-pont, et dont la rampe escarpée en rend l'accès très-difficile. Le rétablissement de ces batteries, que les François avoient détruites pendant qu'ils étoient maîtres des deux rives, fut terminé le 4 Novembre. Jusques là tout fut assez tranquille.

Le 12 Novembre, ces batteries se trouvèrent garnies de canons de divers calibres ou d'obus, et tout sembloit disposé pour attaquer avec vigueur la tête-de-pont, dont il est à propos de donner ici une idée, tant pour ce qui concerne sa construction, que relativement à ses moyens de défense.

Le grand ouvrage à corne, *a*, est celui qui faisoit partie de l'ancienne tête-de-pont, détruite en vertu du Traité de paix d'Aix-la-Chapelle en 1748(*), et dont on avoit simplement jetté les masses dans les

(*) Cette tête-de-pont, qu'on trouve dans tous les anciens plans, construite, dans le principe, par Vauban, en même temps que la forteresse, avoit été rasée à la paix de Riswick, rétablie dans la guerre de 1701, rasée de nouveau en 1713, en vertu de la paix d'Utrecht, rétablie à la guerre de 1733, rasée encore à la paix de 1739, et reconstruite dans la guerre de 1741. Chaque fois cette opération se fit de la manière indiquée dans le texte; mais la démolition actuelle, exécutée à grands frais par les Autrichiens eux-mêmes, a été complette.

fossés, en ne démolissant son revêtement en maçonnerie que jusqu'au niveau du sol naturel ; de sorte qu'en le relevant, on trouva dans tout son pourtour un bon demi-revêtement de 10 à 12 pieds d'épaisseur parfaitement conservé, sur lequel on en érigea un autre en saucissons bien piqueté et clayonné à trois rangs. Au delà du petit bras du Rhin, existoit jadis un deuxième ouvrage à corne, d'environ 90 toises de front, avec une demi-lune, enveloppé d'un chemin couvert, le tout bien flanqué par le premier ouvrage à corne. Voilà ce qui constituoit l'ensemble de l'ancienne tête-de-pont. Comme la capacité de ce second ouvrage à corne étoit très-petite, que d'ailleurs il n'étoit pas parfaitement défilé du rideau, on trouva bon d'y substituer la grande lunette, *b*, dont les faces s'alignoient aux extrêmités des branches du premier ouvrage à corne, *a*, et étoient flanquées par de petites batteries, *c*, placées sur l'isle.

L'ouvrage à corne, *a*, et la lunette, *b*, constituoient donc seuls la tête-de-pont de 1796. Il est nécessaire d'observer que lorsque les Autrichiens arrivèrent devant ces ouvrages, ils étoient si imparfaits, qu'on n'auroit pu raisonnablement espérer de les défendre avec des troupes moins intrépides. L'ouvrage à corne, *a*, étoit loin du relief qu'il auroit dû avoir, les revêtemens intérieurs n'étoient point commencés, point de banquettes, aucun logement, et à peine deux magasins à munitions en place ; point de paliſſades, ni de fermetures. Les foſſés de la lunette, *b*, n'étoient point excavés entiérement; des fragmens de maçonnerie de l'ancien deuxième ouvrage à corne traverſoient en bien des points les foſſés de face, cette pièce n'avoit ni banquettes, ni revêtement intérieur, ni logement, ni traverſes, et elle étoit loin du relief qu'exigeoit ſon défilement. L'armement étoit auſſi peu reſpectable ; à peine avoit-on eu le temps de faire à la hâte quelques plateformes pour placer quelques pièces de bataille aux points qu'il étoit le plus eſſentiel d'armer.

Telle étoit la ſituation de ce retranchement (*)

(*) Cette ſituation n'étoit rien moins que ce qu'elle devoit être, tant pour ſa compoſition que pour ſon exécution. L'intention de l'Ingénieur françois qui la traça étoit d'occuper la poſition du Plateau de Wçyl et Haltingen, où il avoit déjà placé un petit camp retranché, d'une capacité et d'une conſiſtance telle que les Autrichiens auroient été forcés de l'attaquer en règle avant d'attaquer la tête-de-pont elle-même ; ſa communication devoit être ſoutenue par de petits ouvrages intermédiaires, ſe flanquant réciproquement, et qui, après la priſe du camp retranché, auroient encore été des points de chicane oppoſés aux attaquans dans leurs cheminemens. Le tout devoit être enveloppé de pluſieurs rangs de trous de loups et autres obſtacles, ce qui auroit donné une bien plus grande extenſion à la défenſe de la tête-de-pont. Mais ſes vues ne furent point remplies faute de moyens d'exécution ; on devoit y employer 4 mille hommes de réquiſition, à peine dès le commencement du travail put-on en raſſembler 2000 ; ce nombre diminua d'une manière déſeſpérante, malgré les réclamations multipliées de l'Officier de génie employé en chef à ces travaux. Dans l'eſpoir qu'on y auroit égard, il employa une bonne partie

lorsque le Général en chef Moreau en confia le commandement au Général de Brigade Abatucci avec trois mille hommes.

Au lieu d'attaquer la tête-de-pont de vive force, le Prince de Fürstenberg employa les derniers jours d'Octobre et presque tout Novembre à se retrancher sur le Plateau de Weyl et Haltingen, tandis que les François employèrent la garnison et quelques bataillons de la rive gauche à perfectionner leurs ouvrages. Pendant cet intervalle, on se canonnoit de part et d'autre, mais sans produire aucun effet.

Dans les journées du 18 au 20 Novembre, les Autrichiens descendirent le rideau par des communications qu'il fut difficile aux assiégés d'appercevoir, sur-tout celles de leur droite, qui étoient à une grande distance et cachées par les bois et les broussailles, dont la déclivité de ce

---

du monde dont il pouvoit disposer à construire ce petit camp retranché, au point de négliger les autres ouvrages. A l'arrivée des Autrichiens, les fossés étoient à peu près excavés aux deux tiers, le revêtement extérieur monté dans tout son pourtour à la hauteur de 4 pieds; mais comme ce relief étoit loin de pouvoir défiler l'intérieur de la plongée des hauteurs de Weyl, à laquelle cet ouvrage étoit soumis, et qui n'en est qu'a environ 400 toises, il fut impossible de le tenir, on l'abandonna le 26 Octobre au matin. Les Autrichiens ne le détruisirent pas; ils construisirent à sa gorge, leurs batteries n°s 3 et 4; ils firent en outre dans le fossé de sa partie droite, deux casemates à l'abri du boulet, qui furent, pendant le siége, le quartier général de la tranchée. Voyez le Plan aux numéros 3 et 4.

rideau eſt garnie ; ils n'en virent que celle deſcendue du n° 4, traverſant la route de la montée de Haltingen, par laquelle les aſſiégeans allèrent conſtruire leurs batteries de *Ferdinand*. Les aſſiégés ne voulurent point contrarier ce travail, qui n'avoit rien de bien inquiétant, parce que les aſſiégeans en leur ripoſtant auroient retardé le leur, qu'il étoit eſſentiel pour eux de pouſſer avec activité.

Du 21 au 24 Novembre, les Autrichiens s'avancèrent ſur la gauche des François, couverts de la grande route de Fribourg à Baſle, et vinrent conſtruire leurs batteries de *Charles* et *Eliſabeth*, deſtinées à rompre le pont. L'artillerie, tant de la place que de la tête-de-pont, s'efforça vainement d'empêcher ou retarder ce travail ; en conſéquence le chef du Génie des aſſiégés arrêta la conſtruction des deux petits ouvrages, *d* et *d*, avancés vers ce point, où l'on ſe propoſoit de placer quelques pièces, pour contrebalancer celles des aſſiégeans ; ces deux ouvrages furent commencés la nuit du 25 au 26 Novembre.

Le 24 Novembre, les Autrichiens avoient canonné la tête-de-pont depuis ſept heures du matin juſqu'à midi. Les canons, tant de cette tête-de-pont que de la fortereſſe avoient ripoſté avec la plus grande vivacité. Les Autrichiens lancèrent dans cette canonnade plus de 100 obus et de 600 boulets. Leur feu étoit principalement dirigé contre le pont, dont trois des pontons les plus près de la rive droite, et trois des plus éloignés, furent percés; mais les François les remplacèrent aussi-tôt.

Le 28 Novembre, M. le Prince de Fürstenberg, commandant l'armée de siége, somma le Général Abatucci de rendre la tête-de-pont; il ne lui donnoit que trois heures pour délibérer. La réponse fut que la chose étoit impossible. A midi et demi, les assiégeans commencèrent une très-vive canonnade de toutes leurs batteries, tant de la plaine que des points du rideau, qui voyoient le pont, lequel fut entièrement rompu à trois heures, un boulet ayant coupé la cinquenelle (le maître cable qui lie les pontons) et plusieurs bateaux ayant été coulés. La canonnade dura encore jusqu'à quatre heures, que M. le Prince de Fürstenberg somma de nouveau le Général Abatucci de rendre la tête-de-pont et tout ce qu'elle contenoit, avec la garnison prisonnière; le Général François fit encore la même réponse. Les assiégés eurent très-peu de monde de tué ou blessé, et il n'y a peut-être pas d'exemple qu'un feu aussi soutenu que celui que firent les assiégeans sur un point si resserré, ait été aussi peu meurtrier. On peut assurer qu'ils tirèrent dans les quatre heures que dura ce feu plus de 1800 coups, tant boulets qu'obus.

La rupture du pont n'influa en aucune manière

ſur le courage des ſoldats françois; aucun ne témoigna la plus légère inquiétude et ne s'imagina que ſon poſte fût devenu plus périlleux qu'auparavant. Tous penſoient qu'ils ſeroient attaqués le même ſoir, et attendoient les aſſaillans avec la plus grande aſſurance de les repouſſer. Ils comptoient beaucoup à dire vrai ſur la protection de l'artillerie de la place (*).

Il fallut que les aſſiégés penſaſſent ſur le champ à rétablir la communication; il n'étoit plus queſtion de rétablir le pont ſous le feu des batteries *Charles* et *Eliſabeth*, qui voyoient le Rhin dans toute la portée des armes : d'ailleurs ils n'avoient pas d'équipages de pont de rechange; ils ne purent donc la rétablir que par des barques et quelques bateaux qui avoient ſervi, avant l'exiſtence du pont, à la conſtruction d'un pont volant. N'ayant que ces ſeuls bâtimens de tranſport, tant pour l'artillerie et les munitions de toute eſpèce que pour les troupes, à leur diſpoſition, pendant toute la durée du ſiége,

---

(*) Cette protection étoit cependant de toute nullité dans une attaque de vive force, ſur-tout la nuit et à plus de 150 toiſes de diſtance. Elle auroit même pu être plus nuiſible qu'utile, ſi l'on ſe fût ſervi du canon, dont il eſt ſi difficile de diriger les coups avec bien de la préciſion dans l'obſcurité. On ſe contenta de la part de la place, lors de l'attaque, de tirer quelques bombes, encore avec crainte qu'en voulant les jetter ſur les aſſaillans, qui étoient autour des ouvrages, on ne les fît tomber dedans. C'eſt ce qui leur arriva avec les pots-à-feu, dont un tomba dans le terre-plein de l'ouvrage à corne, et un autre dans le Rhin.

on peut imaginer combien cette communication étoit périlleuse, avec des bâtimens aussi frêles, sous le feu de 4 batteries qui voyoient le Rhin dans toute la longueur du tir, et dont deux tiroient constamment sur tout ce qui passoit sur le fleuve : cependant ils n'eurent aucun bateau de coulé bas, quoique plusieurs aient été touchés et qu'il y ait eu quelques hommes de tués pendant les traversées (*).

Les assiégeans restèrent dans une tranquillité bien étonnante jusqu'au 30 Novembre, qu'ils recommencèrent une canonnade très-vive, dirigée particulièrement sur la tête-de-pont, et à dix heures du soir l'attaque ordonnée par M. le Prince de Fürstenberg, qui vouloit faire emporter les ouvrages des assiégés d'assaut, fut mise en exécution.

Les forces des assaillans, qui pouvoient se monter à 6 mille hommes, et principalement composées des régimens de Ferdinand, de Bender et de Wenkheim, se divisèrent en trois colonnes : l'une marcha sur le flanc gauche des ouvrages

(*) On proposa divers moyens pour rendre cette communication moins incertaine, mais ils ne furent pas exécutés faute de matériaux ; entr'autres la construction d'un pont en radeau, construit de manière que pour le rompre avec l'artillerie, il eût fallu briser 20 poutrelles de suite. Le bois manquant, on ne put s'en occuper ; on voulut y substituer un grand et simple radeau, qui devoit traverser le fleuve au moyen d'une traille ; il fut construit mais non achevé.

des assiégés, et attaqua la lunette par la gorge ; une autre se porta sur le saillant, qu'elle devoit escalader : les avant-postes des François ayant été poussés avec une vigueur et un courage étonnans, les assaillans arrivèrent presqu'aussi-tôt qu'eux à la lunette, coupèrent à la hache les rondins et les palissades de la gorge et y pénétrèrent par ce côté-là, tandis qu'un détachement escaladoit les faces : c'est ici qu'il faudroit un Homère ou un Virgile pour décrire dignement la bravoure des combattans ; c'étoit une lutte corps à corps, une véritable mêlée : tandis que plusieurs soldats républicains disputoient à ceux des assaillans qui avoient pénétré dans la lunette leur artillerie, que les Autrichiens vouloient tourner contre eux, d'autres allumoient avec des brandons, pris dans les feux, les mêches des obus et les jettoient dans les fossés, sur les assaillans qui vouloient escalader les faces ; il y en eut d'assommés à coups de lévier par des canonniers françois ; on se lançoit les boulets avec la main, on se colletoit et l'on se poignardoit avec la bayonnette. Tout devenoit armes, palissades, cailloux, &c. enfin, après la plus belle défense qu'on ait peut-être jamais vue d'un ouvrage attaqué de cette manière, une partie des défenseurs fit sa retraite sur l'ouvrage à corne, le reste fut égorgé, et les assaillans, maîtres de la lunette, se formèrent dedans pour marcher sur le grand ouvrage.

Jusques-là, la protection de l'ouvrage à corne avoit été à peu près paralisée: on ne tiroit, pour protéger la lunette qu'avec une extrême circonspection, de peur de tuer ses défenseurs avec les assaillans; mais dès que ceux-ci en furent entiérement les maîtres, on fit sur eux de tous les points le feu le plus vigoureux, qui en fit un carnage effroyable.

Les assaillans devoient marcher de la lunette sur le grand ouvrage, et cette deuxième attaque devoit être soutenue par la troisième colonne, qui, longeant le territoire Suisse, auroit attaqué en même temps la branche droite dudit ouvrage. Ce mouvement ne fut pas exécuté avec toute la précision qu'il exigeoit; cette dernière colonne s'égara dans l'obscurité en passant sur le territoire neutre, d'où elle fut repoussée, soit par les patrouilles, soit par les postes avancés du cordon. Une partie de cette colonne vint cependant faire son attaque au point qui lui avoit été indiqué: elle fut reçue avec la même vigueur que les précédentes. Le Colonel Neslinger, qui la commandoit, y fut tué. Après sa mort ses troupes plièrent et firent leur retraite.

Les colonnes qui s'étoient formées dans la lunette, et qui devoient se déployer sur le front de l'ouvrage à corne, ne purent arriver au fossé; ce n'étoit pas, à dire vrai, une chose facile sous le feu terrible de l'artillerie et de la mousqueterie qu'elles avoient à essuyer : une partie cependant avoit passé le petit bras du Rhin, et postée derrière des masures situées au saillant du ravelin, *e*, y tenoit ferme et faisoit un feu soutenu.

Le Général Abatucci jugea qu'il étoit temps de sortir pour repousser les assaillans ; en conséquence il se mit avec son état-major à la tête des grenadiers de la garnison et marcha pour les débusquer. Après un combat opiniâtre, il reprit la lunette et chassa entièrement les Autrichiens des ouvrages. Au moment où il culbutoit les derniers, il fut atteint d'une balle qui lui traversa les intestins ; ses soldats continuèrent à charger les Impériaux, qui se retirèrent avec une perte considérable. L'affaire fut entièrement terminée vers minuit.

Abatucci mourut de sa blessure ; les talens militaires et la bravoure peu commune de ce Général, Corse de naissance, lui avoient acquis l'estime de toute l'armée, qui témoigna de la manière la plus vive le chagrin qu'elle éprouvoit de sa perte. Le Chef de Brigade Vigne, qui commandoit la lunette, fut blessé de coups de feu au bras et à la cuisse, mais non mortellement ; le Chef de Brigade Cassagne soutint d'une manière brillante la réputation de bravoure qu'il s'étoit déjà acquise en bien des rencontres ; enfin il n'est pas un individu de la garnison de cette tête-de-pont qui ne se soit singulièrement distingué.

Du

Du côté des Autrichiens, le brave Colonel Neslinger fut aussi très-regretté ; et quoique leur entreprise n'ait point été couronnée du succès, elle ne leur en fait pas moins infiniment d'honneur. C'est montrer en effet une bravoure bien étonnante que d'avoir tenu pendant deux heures consécutives, dans le feu le plus formidable d'une forteresse et d'un retranchement aussi opiniâtrement défendus.

La perte en total fut considérable de part et d'autre. On sait qu'en pareille occasion les seuls Chefs principaux la connoissent au juste, mais qu'ils se dispensent de la divulguer.

Si même cette entreprise périlleuse eût réussi, par un de ces hazards si communs dans la guerre actuelle, où la fortune a souvent favorisé les audacieux, il est à présumer que les Autrichiens auroient eu peine à se soutenir dans ces ouvrages, et d'en tourner le profil contre la place, dont alors l'artillerie leur eût causé une perte bien plus réelle, et plus considérable que celle qu'ils auroient déjà pu avoir éprouvée dans l'assaut.

Les jours suivans furent assez tranquilles, aux canonnades près ; les batteries *Elisabeth* et *Charles* redoublèrent d'activité à tirer sur tout ce qui passoit le Rhin, mais toujours avec aussi peu de succès.

Les François, qui s'attendoient à une nouvelle attaque, redoublèrent de surveillance. Ils pourvurent le Fort de munitions de toute espèce ; on mit à chacun des postes avancés des fascines goudronnées, qui devoient être allumées à la moindre alerte, pour éclairer les mouvemens des assaillans. On augmenta l'armement de la tête-de-pont de deux mortiers, pour lancer des pots à feu en cas de besoin. On poussa aussi les travaux de fortification avec vigueur, ainsi que le palissadement; on arma la berme de la lunette d'un rang de chevaux de frise à trois lames

Le 13 Décembre, les assiégeans, voulant faire taire les batteries de la place qui les incommodoient fort, tirèrent beaucoup sur la ville, et mirent le feu en trois endroits ; à un hangard de l'arsenal, qui fut brûlé ; à un autre du magasin à fourrage, qui le fut aussi ; et à une maison de particulier, qui eut peu de mal, ayant été secourue à temps. Comme les batteries *Charles* et *Elisabeth* inquiétoient beaucoup la communication des assiégés, ils construisirent la batterie, *f*, en avant de la digue, et y placèrent 2 obusiers et 2 mortiers. Elle tira le 22 Décembre, et força les assiégeans d'abandonner les batteries desquelles ils tiroient, ce qui facilita la communication sur le Rhin pendant quelques jours ; mais les assiégeans, ayant fait des traverses et des parados, redonnèrent bientôt à leurs batteries leur ancienne activité. Les François armèrent aussi la droite de la place, afin de battre le territoire Suisse, dans le cas où les Autrichiens, en les attaquant encore, viendroient à violer la neutralité.

Le froid excessif qu'il faisoit alors, retardoit beaucoup tous les travaux, la terre étant gelée à plus de deux pieds de profondeur. Les assiégés ne s'occupoient que des travaux en charpente, et préparoient des logemens pour les placer à la cessation du froid; ils entretinrent le palissadement et achevèrent celui de l'Isle, qui n'étoit que commencé Tout cela n'alloit que fort lentement, les bateaux, quoique toujours en mouvement, suffisant à peine au transport des troupes et des munitions. On ne sauroit donner assez d'éloges à la constance et au courage admirable du détachement de pontonniers, pendant toute la durée du siège, et particulièrement au zèle et à l'activité de leur Commandant Riebel.

Il faut avoir été témoin de la situation des défenseurs de la tête-de-pont à l'époque du froid extraordinaire qui survint, pour imaginer à quel point elle étoit misérable; obligés, comme ils l'étoient, de bivouaquer pendant dix jours, au bout desquels seulement on les relevoit; la plupart du temps sans feu, par la difficulté de se procurer du bois, ils brûloient jusqu'à la paille qu'on leur donnoit pour se coucher (*), n'ayant pas

(*) On eut toutes les peines du monde à conserver les bois nécessaires à la défense, malgré la surveillance la plus active. Tout ce qui tomboit sous la main du soldat étoit brûlé, madriers

même de tentes, car celles qui exiſtoient avoient été déchirées ou brûlées par le feu des aſſiégeans; ils avoient fait dans le terre-plein du rempart de l'ouvrage, des trous en forme de terriers, dans leſquels ils ſe fourroient pour dormir. Ce n'eſt qu'au dégel qu'on commença à faire des tranchées dans le terre-plein du grand ouvrage à corne, tracées de manière à être défilées du canon des aſſiégeans, et qui, couvertes avec des poutrelles, des planches, des ſauciſſons et 3 à 4 pieds de terre, formoient des logemens chauds et à l'abri de l'obus. En 8 à 10 jours, on en eut pour les deux tiers de la garniſon.

Les aſſiégés conſtruiſirent également un grand blindage pour la lunette, *b*, mais on y ſubſtitua un autre logement, deſtiné d'abord à former un hôpital et des magaſins de comeſtibles: on fit des magaſins à munitions de rechange, et des caſemates pour les Officiers.

Du 9 au 14 Janvier, les aſſiégeans perfectionnèrent leurs travaux de droite et de gauche, établirent les communications en arrière et s'appuyèrent d'une manière plus ſolide. Ils faiſoient venir, même de fort loin, beaucoup de payſans

---

plate-formes, paliſſades, ſauciſſons, chevaux de friſe, barrières, enfin tout ce qui pouvoit les chauffer; ils brûlèrent juſqu'aux deux ponts de communication de la lunette. De leur coté, les Autrichiens brûlèrent tous les bois, arbres fruitiers des villages voiſins, et pour pluſieurs centaines de mille livres d'échalas de vignes aux malheureux habitans de Weyl, Haltingen, &c.

pour les joindre à leurs travailleurs et accélérer leurs travaux ; nombre de ces malheureux en furent les victimes. De leur côté, les assiégés construisirent le petit ravelin *e*, pour couvrir la porte de l'ouvrage à corne. La nouvelle de la prise de Kehl, parvenue à cette epoque aux assiégés, leur fit prévoir qu'ils ne tarderoient pas à être attaqués plus vivement, d'autant plus qu'ils furent informés qu'il arrivoit aux assiégeans une partie de l'artillerie employée à ce siége mémorable, et qu'ils faisoient des approvisionnemens.

Le 17 Janvier, les assiégeans commencèrent leur première parallèle, qu'ils poussèrent le long de la route de Fribourg à Basle, prenant des batteries *Elisabeth*, pour joindre celles de *Ferdinand* à la communication descendant du n° 4, sur la montée de Haltingen, et lièrent par ce moyen leur droite et leur gauche exécutées précédemment. La place et la digue tirèrent beaucoup sur ce travail qui fut peu dérangé. Les assiégés firent le petit batardeau *g*, à l'embouchure du petit bras du Rhin, destiné à retenir l'eau (*), et quoiqu'il fût d'une construction hâtive et médiocre, il avoit

(*) Ce petit bras du Rhin est à sec six mois de l'année et n'est alimenté par ce fleuve que l'été, dans les grandes eaux. Celle qu'on y retint venoit d'une perte de la rivière de Wiesen, qui forme le ruisseau qui fait aller l'usine du petit Hunningue. *Voyez le Plan.*

retenu au bout de quatre jours environ trois pieds et demi d'eau hauteur moyenne.

Le 18, les assiégeans avoient peu travaillé, la nuit ils ont joint leur communication n° 4; trouvant les avant-postes des assiégés rapprochés d'eux, ils leur firent dire sur les deux heures après midi de se retirer; mais ceux-ci n'en ayant pas tenu compte, les Autrichiens firent tirer dessus à mitraille, sans grand effet. Ces postes se replièrent, pour être replacés incontinent un peu en arrière de leur premier emplacement. Le même jour, les François construisirent la batterie *h* sur la rive gauche, destinée à battre les approches de la droite de la lunette, elle fut armée de 4 pièces de 12 longues et fut prête à tirer le lendemain.

Le 19, les assiégeans n'avoient pas encore débouché de la première parallèle, ils la perfectionnoient et travailloient à la construction de leurs batteries, tiroient beaucoup d'obus de celles de *Ferdinand* et des n°s 11, 12 et 14.

Le 20, les François construisirent une 2e batterie, cotée *i*, près le point de l'embarquement, ayant le même objet que la précédente. Ils augmentèrent en même temps l'armement de la tête-de-pont de 9 pièces de gros calibre, dont 6 de 16 furent placées aux faces des demi-bastions et à la branche gauche de l'ouvrage à corne, et les 3 autres de 8 longues à la lunette; plus 4 mortiers de 10 pouces placés également dans les deux demi-baſtions.

Le 21, les aſſiégeans avoient débouché de la 1re parallèle, entre leurs batteries *Charles* et *Eliſabeth*, et cheminoient le long du Rhin, en conſtruiſant leurs crochets, A, (*) les aſſiégés les canonnèrent beaucoup, tant de la digue que de la place.

Le 22 Janvier, les François armèrent le cavalier de Baſle de 2 pièces de canon de 24, pour inquiéter le poſte que les Autrichiens tenoient ſur leur gauche, dans le petit bois, dit le Nonnenhöltzlein. Ils dirigèrent auſſi des embraſures de la digue et de l'Iſle de la batterie, *k*, ſur le ſaillant de la lunette, croyant que les aſſiégeans chemineroient ſur ce point.

Le 23, les batteries de l'Iſle et de la digue ont beaucoup tiré ſur les crochets, qui ont été pouſſés vivement la nuit du 23 au 24, ainſi que le jour du 24, malgré le feu ſoutenu que firent deſſus les pièces de la digue, de l'iſle de la batterie et celles de la tête-de-pont. Vers la nuit, les aſſiégeans tirèrent à mitraille ſur les ſentinelles

(*) Ces crochets étoient des batteries deſtinées à recevoir chacune deux pièces, pour tirer continuellement ſur le Rhin, afin d'intercepter le paſſage de la moindre nacelle; ils n'étoient point achevés lors de la reddition, on commençoit à faire les plate-formes et à dégorger les embraſures. *Voyez le Plan.*

du centre des assiégés, sans que ce feu, quoique très-vif, les empêchât de tenir.

Le 25, les assiégeans avoient débouché de leur 1re parallèle plusieurs communications; ce travail ne fut pas suivi de jour : à 8 heures et demie du matin, ils firent un feu violent de mitraille sur les sentinelles des assiégés, qui tinrent, malgré qu'il y en eut plusieurs de tuées. On se canonna vivement de part et d'autre. Vers les 9 heures du soir le Commandant de la tête-de-pont fut prévenu que les assiégeans travailloient à une 2e tranchée cotée, B, à environ 300 toises du saillant de la lunette. Afin de retarder ce travail, il envoya à 11 heures, sur trois points différens, de petits détachemens de quatre à cinq hommes, avec ordre de s'avancer le plus près possible, dans le plus grand silence, et de faire feu sur les travailleurs aussi-tôt leur arrivée, tandis que des Officiers, placés en avant des ouvrages, feroient des commandemens comme s'ils marchoient avec des colonnes, et trois tambours battant la charge. Les assiégeans, croyant être attaqués, portèrent du monde où les feux leur avoient fait présumer que se dirigeoit l'attaque ; mais les donneurs d'alerte s'étant retirés au pas de course, à l'instant toutes les pièces de la tête-de-pont firent un feu de mitraille redoublé, qui interrompit le travail jusqu'à 2 heures du matin, qu'il fut repris, et au jour la partie de tranchée prenant de la redoute, C 1, jufqu'à la 1re parallèle, fut achevée. Ce travail a été perfectionné pendant la nuit du 26 au 27. Ils pouffèrent en outre un autre cheminement à la 2e parallèle, et la communication, D, joignant les crochets.

Pendant la nuit du 27 au 28, les affiégés placèrent dans les petits ouvrages, *d*, quatre compagnies, avec ordre de faire un feu continuel et bien nourri fur les travailleurs qui joignoient la communication, D, aux crochets; ce feu bien exécuté et fecondé par leur artillerie, qui tira conftamment, empêcha que ce travail pût être achevé.

Le 28, les affiégés tirèrent beaucoup à mitraille fur les travailleurs.

Dans la nuit du 28 au 29, les affiégés employèrent les mêmes moyens que la veille pour déranger les travailleurs, et fur les 3 heures et demie du matin, ils firent une fortie qui eut un heureux fuccès. Ils y employèrent un bataillon envoyé de la rive gauche et 9 compagnies de la garnifon de la tête-de-pont; le tout faifant environ 1200 hommes, divifés en deux colonnes, dont la 1re avoit ordre de fe porter fur la gauche des affiégeans, de culbuter ce qui fe rencontreroit dans la 2e parallèle, la paffer pour arriver à la 1re, s'en emparer et y faire le plus de mal poffible, tandis qu'un détachement de travailleurs culbuteroit la 2e. Cet ordre fut parfaitement exécuté; le Capitaine de grenadiers qui commandoit cette colonne poussa jusqu'aux batteries *Ferdinand*, y prit 2 pièces de 7, en brisa et encloua plusieurs autres dans les batteries voisines, et se retira avec les deux pièces et deux avant-trains : pendant son expédition, les travailleurs qu'il avoit laissés derrière lui culbutèrent la partie indiquée de la parallèle ; mais ne la renversèrent pas.

La 2e colonne avoit ordre de marcher sur la droite des assiégeans, d'enclouer les pièces, d'en briser les affûts, et de les jetter dans le Rhin, si on ne pouvoit pas les emmener ; de tenir la 2e parallèle, tandis que les travailleurs détruiroient les crochets construits sur le bord du Rhin, et la partie de parallèle ou communication qui les joint. Les assiégeans tinrent davantage sur ce point, quoiqu'assaillis avec la même chaleur. Ils se défendirent long-temps, et on ne parvint à les pousser dans la première ligne qu'après une action assez vive. Le Commandant de cette attaque arriva aux batteries désignées avec quelques grenadiers ; mais il ne put que renverser deux pièces et en fracasser les roues. Les assiégeans chargèrent vivement les assaillans et les forcèrent de se retirer, sans leur laisser le temps de détruire les ouvrages désignés ; ils ne purent que les endommager et emmener 4 prisonniers, dont un sous-officier de sapeurs ; outre qu'ils emportèrent plusieurs outils, pelles, pioches, &c.

Le 29, les assiégeans tirèrent vivement pour

faire taire les batteries des assiégés, qui les incommodoient fort dans les crochets et dans la 2e parallèle ; mais ils leur tuèrent peu de monde.

La nuit du 29 au 30, les assiégeans, craignant une seconde sortie, tirèrent constamment, et firent mine de vouloir attaquer les petits ouvrages des assiégés, sur lesquels ils firent un feu soutenu, et y envoyèrent des détachemens de tirailleurs ; mais 4 compagnies des assiégés y firent si bonne contenance, que les assaillans n'osèrent pas les escalader. Les assiégés s'étoient bien proposés de sortir encore cette même nuit-là, et avoient fait des dispositions à cet effet ; mais le Général qui commandoit la tête-de-pont, voyant que le feu des assiégeans étoit considérable et sur un grand développement, ce qui prouvoit que la tranchée étoit bien garnie, ne trouva pas à propos de donner l'ordre du départ, pour une entreprise dont le succès lui paroissoit trop douteux.

Le 30, les assiégeans travaillèrent beaucoup à la 2e parallèle, et soutinrent vigoureusement leur feu pour protéger leurs travailleurs. Ils avoient bordé les tranchées de carabiniers valaques qui tiroient sur tout ce qui se présentoit aux parapets des ouvrages des assiégés, qui de leur côté contrarioient aussi beaucoup les assiégeans avec leurs pièces de siége de la tête-de-pont, lesquelles faisoient, à chaque coup, une brèche à la 2e parallèle. Les batteries de la digue tirèrent aussi beaucoup sur la droite des assiégeans, et la place lança nombre de bombes qui ont paru être bien pointées.

La nuit du 30 au 31, une nouvelle sortie fut résolue. On commanda le même nombre d'hommes qu'à la premiere, et ils furent pareillement partagés en deux colonnes ; la 1re eut ordre de filer le long du territoire Suisse, de tourner les deux redoutes de protection, C 1, C 2, que les assiégeans avoient construites à l'extrêmité de leurs tranchées, et de se porter à la 1re parallèle, sur la chaussee de Fribourg à Basle, tandis qu'un détachement attaqueroit de front la 2e parallèle sur son centre Il y avoit à cette attaque une compagnie de sapeurs armés de haches et d'instrumens propres à briser les pièces et à les enclouer ; en outre, des travailleurs destinés à combler la 2e parallèle. La deuxième colonne eut ordre de filer le long du Rhin, à la faveur de l'escarpement de la rive, de tourner le premier crochet, de faire entrer un détachement de troupes dans les batteries *Charles* et *Elisabeth*, pour les détruire, tandis que les travailleurs détruiroient les crochets et la communication qui les joint.

Ces deux ordres furent exécutés ; les assiégeans se trouvant tournés sur leur gauche par la première colonne, se retirèrent dans leur première parallèle, par la communication B. Le chef de cette attaque pénétra jusqu'aux batteries près du Neuhaus, y prit 2 pièces de 3, avec quelques inſtrumens, et briſa et encloua pluſieurs pièces des batteries voiſines. Les travailleurs ne firent d'autre mal que d'endommager beaucoup les deux redoutes C 1 C 2, et de combler une partie de la parallèle, après quoi cette colonne ſe retira.

La 2e colonne avoit exécuté ſon mouvement avec aſſez de ſuccès juſqu'à la 1re parallèle, où les aſſiégeans s'étoient retirés et ſe battoient de là. Le chef de cette attaque ſe portoit ſur les batteries *Charles* à la tête de ſes grenadiers, pouſſant devant lui un détachement des aſſiégeans ; bleſſé d'un coup de feu qui lui traverſoit la poitrine, et obligé de ſe retirer, ſes ſoldats n'étant plus animés par ſon exemple commencèrent à plier ; les aſſiégeans profitèrent de la circonſtance pour charger vivement cette colonne et la forcer de ſe retirer ; elle ne put qu'endommager quelques crochets, défaire une batterie où elle prit un ſac de gargouſſes et quelques inſtrumens, et briſer une pièce. Le brave chef qui la commandoit mourut de ſa bleſſure. Le reſte de la nuit, les aſſiégeans tirèrent conſtamment, réparèrent ce qu'on leur avoit dégradé, et au jour ils avoient joint les crochets à leur 2e parallèle.

Le 31 Janvier, l'Archiduc Charles arriva au quartier-général du Prince de Fürſtenberg à Lœrrach. Il n'y eut rien d'extraordinaire dans cette journée. Les aſſiégés travaillèrent vigoureuſement à la conſtruction des deux réduits, *l*, ſur les flancs de la lunette, *b*, qui n'avoient été commencés que deux jours auparavant; les assiégeans perfectionnèrent leurs travaux, et travailloient à leurs batteries, qui s'élevoient déjà au nombre de 21, et dont la grosse artillerie et les mortiers à bombes dont on les renforçoit, devoient être en état de jouer le 3 Février. Dès le soir du 31, ils soutinrent vivement le feu de leur artillerie, et les batteries 12 et 14 tirèrent beaucoup d'obus.

La nuit du 31 au 1er Février fut assez tranquille; l'artillerie tira comme à l'ordinaire; les assiégeans firent attaquer par des tirailleurs les petits ouvrages, *d*, qui se défendirent vigoureusement; les mêmes assiégeans avoient en même temps débouché, près de ces mêmes petits ouvrages, par le crochet, E, et un bout de tranchée, qui sembloit indiquer une nouvelle parallèle.

Depuis deux jours, il avoit été résolu, dans un conseil de guerre tenu à cet effet, à Bourg-libre, qu'on capituleroit; en conséquence, le 1er Février à midi, le Général de division Dufour ayant, depuis la mort d'Abatucci, le commandement en chef de la défense de la tête-de-pont, envoya un parlementaire à M. le Prince de Fürstenberg, pour lui proposer de capituler; et à 4 heures la capitulation fut signée, telle qu'on la trouvera ci-après.

Le 5 Février à midi, les Autrichiens prirent possession de l'Isle, où ils ne trouvèrent que des masses de terre, les François en ayant enlevé tout ce qu'elle contenoit, jusqu'aux palissades et aux gabions.

La tête-de-pont étoit armée de 32 bouches à feu, tant mortiers, obusiers, que pièces de calibre de 8 à 16, et défendue par 3 mille hommes, qui se relevoient tous les dix jours; ils étoient commandés par deux Généraux de Brigade et deux Chefs de Brigade, qui se relevoient alternativement tous les 5 jours: six Officiers du Corps du Génie, commandés par un Chef de bataillon; l'artillerie commandée par un Chef de Brigade, et un bataillon de sapeurs, arrivé quelques jours après la reddition de Kehl, une compagnie d'ouvriers, et 4 quatre compagnies de pontonniers, dont trois arrivées aussi après ladite reddition.

Il est certain que les assiégés auroient pu tenir plus long-temps; leurs défenses étoient encore en bon état, et pouvoient encore coûter bien du sang, avant d'être réduites. Au moyen de traverses et de blindages, dont ils s'étoient couverts dans l'intérieur de leurs ouvrages, les batteries des assiégeans, tant qu'elles restèrent éloignées, les incommodoient peu, et gênoient foiblement leur communication avec l'autre rive; et le feu des assiégeans, particulièrement les obus qu'ils lançoient en quantité, ne produisoient pas grand effet; rien de tous ces blindages intérieurs n'eût cependant été à l'épreuve de la bombe, dont les Autrichiens manquèrent jusqu'à la veille de cette reddition, et dont l'arrivée jointe à celle d'un renfort de grosse artillerie et de munitions, sans doute aussi la présence de l'Archiduc, accélérèrent la reddition. A quoi il faut sur-tout ajouter, que les énormes travaux des Autrichiens, par lesquels ils avoient pu considérablement approcher leurs batteries, alloient infailliblement, à l'aide des gros mortiers à bombes, et du renfort de grosses pièces, dont les Généraux françois ne pouvoient pas ignorer l'arrivée, les écraser dans l'intérieur de leurs ouvrages, et sur-tout intercepter entièrement leur communication avec Huningue, au moyen de ces crochets, dont on a parlé plus haut.

On a lieu d'être étonné de l'opiniâtreté de l'attaque et de la défense, d'un point en apparence si foible et de si peu d'importance, pendant trois mois et demi, dont quinze jours de tranchée ouverte, malgré toute la rigueur de la saison, et sur-tout des froids excessifs du mois de Décembre; défense qui, avec celle de Kehl, fera époque dans l'histoire d'une des plus mémorables campagnes dont les annales militaires fassent mention. Mais l'on conçoit combien il importoit, d'une part, à la gloire que le jeune Archiduc s'étoit acquise, en méritant le titre de *Libérateur de l'Allemagne*, de ne laisser aucune communication aux François, avec la rive droite du Rhin qu'il leur avoit fait abandonner, et qui, tant qu'elle subsisteroit, ne lui

permettoit

permettoit ni de s'assurer des quartiers d'hiver, ni d'envoyer des renforts en Italie ; et combien il importoit de l'autre part aux François, de conserver ces deux points, qui donnoient tant de jalousie à leur ennemi, et l'occupoient pendant un aussi long-temps : or cette tête-de-pont, par sa belle défense, tint tout ce long-temps en échec un corps de troupes impériales, de beaucoup supérieur à celui que commandoit le Général Ferino; obligea les Autrichiens à faire un développement de travaux énormes, et coûta à l'Empereur plus de monde, et sur-tout plus de munitions, que n'en ont coûté nombre de places bien fortifiées, qui s'étoient défendues dans toutes les règles et sans reproche. Enfin c'est à l'opiniâtreté de la défense des têtes-de-pont de Kehl et d'Huningue qu'est due en grande partie la prise de Mantoue.

Il faut aussi convenir, avec l'impartialité que nous avons adoptée dans cette relation, que, sans rien ôter à l'intrépide résistance des François, la protection des ouvrages de la forteresse d'Huningue, garnis d'une forte et nombreuse artillerie, et la facilité de pouvoir ériger des batteries au bord du Rhin, en dehors même de ces ouvrages, leur procuroit un très-grand avantage, et qu'on pouvoit facilement tirer tout le parti possible d'une position si favorable, pour le maintien de laquelle il falloit cependant une patience et un courage bien à l'épreuve.

Nous devons encore faire observer à nos lecteurs, que c'est sur le même terrein représenté sur notre plan, que se donna, le 12 Octobre 1702, la bataille de Friedlingen, gagnée par M. le Maréchal de Villars sur le Prince Louis de Bade, et qui lui valut le bâton de Maréchal ; ainsi les premières et les dernières années de ce siècle ont vu les mêmes sillons inondés du sang des deux mêmes nations.

Le corps d'armée sous les ordres de S. A. M. le Lieut. Gén. Prince de Furstenberg, employé à ce siége, étoit composé de 13 bataillons d'infanterie, et de 12 divisions de cavalerie ; savoir:

INFANTERIE.

Archiduc Ferdinand.	3	Bataillons.
Bender.	3	
Pellégrini.	2	
Wenkheim.	2	
Stuart.	1	
Wartensleben.	1	
Wallaques.	1	
Total	13.	

CAVALERIE.

Modène	3	Divisions.
Waldeck	1	
Lobkowitz	3	
Archiduc Ferdinand . . . . } Houssards. . . . . }	5	
Total	12	

Plus, l'Artillerie et le Génie.

CAPITULATION

De la Tête-de-pont d'Huningue, proposée par le Général de Division DUFOUR, *Commandant en chef la défense de la dite Tête-de-pont, au Général Prince de* FURSTENBERG, *Commandant les troupes Autrichiennes, l'un et l'autre munis de Plein-pouvoirs de leurs Généraux en chef.*

A la tranchée devant la Tête-de-pont d'Huningue, le 13 Pluviose, an 5 de la République Françoise. (1 Février 1797.)

ART. 1. Les troupes Françoises évacueront la Tête-de-pont d'Huningue le 17 Pluviose, l'an 5, (5 Février) avec armes, bagages, munitions et tout ce qui sert à sa défense.

Accordé.

2. Elles en laisseront prendre possession aux troupes Autrichiennes à midi précis dudit jour.

Accordé. Les troupes de S. M. l'Empereur et Roi entreront à midi precis du 5 Fevrier dans la Tête-de-pont, y compris l'Isle des Cordonniers et l'ouvrage à corne y placé, elles en prendront possession comme de tout ce que les troupes Françoises pourroient y avoir laissé.

3. Dès ce moment-ci toutes les hostilités cesseront de part et d'autre; les troupes Autrichiennes prendront possession d'un des réduits de la demi-Lune, et auront leurs sentinelles près la barrière de la demi-Lune.

Accordé. Les troupes Autrichiennes prendront possession dès-à-présent du réduit placé à la gauche de la demi-Lune, auront leurs sentinelles à la barrière de la demi-Lune; le troisième Février à midi elles prendront possession de la demi-Lune et auront leurs sentinelles près le pont du petit bras du Rhin. Les sentinelles Françoises occuperont les côtés opposés, tant de la barrière que du pont.

4. L'on ne tirera pas sur Huningue de la rive droite du Rhin.

Accordé pour autant qu'Huningue ne sera pas attaqué ou cerné sur la rive gauche du Rhin: en revanche ladite forteresse et les batteries qui, placées sur la rive gauche, servent à sa défense, ne tireront point sur les postes Autrichiens, placés tant sur l'Isle des Cordonniers que sur la rive droite du Rhin soumise au feu de la place.

Le Général Autrichien pourra faire démolir librement et sans être incommodé, dans l'espace de six semaines, les ouvrages de la dite tête-de-pont, y compris le dit ouvrage à corne, en prenant toutefois les précautions nécessaires pour que la ville d'Huningue n'en soit pas endommagée.

5. Tous les ouvrages construits sur la rive droite pour l'attaque de la tête-de-pont seront détruits, et le tout sera remis au même état où étoient les choses avant le passage du Rhin par les troupes Françoises.

Les ouvrages construits avant la reddition de Kehl, la ligne qui les unit seront conservés, ainsi que la ligne ou batteries établies sur le bord du Rhin, au dessous de la tête-de-pont, et la communication qui conduit des ouvrages à conserver à la dite ligne.

Tous les ouvrages construits entre les ouvrages susdits et le Rhin seront détruits dans le délai de six semaines. L'on s'en rapportera à l'égard de l'exécution de cet article à la loyauté des Commandans Autrichiens.

6. Il sera donné de part et d'autre un Officier, lesquels resteront en otage jusqu'au terme fixé, 5 Févier, pour l'évacuation de l'ouvrage à corne et l'entrée des troupes Autrichiennes, après laquelle ils seront échangés.

Accordé, et les ordres seront donnés de part et d'autre pour que les soldats des armées demeurent dans les limites fixées par la présente capitulation.

Fait, clos, signé et arrêté par les Généraux ci-dessus dénommés les jour, mois et an ci-dessus.

DUFOUR, Général de Division.

CHARLES, Prince de FURSTENBERG,
Lieutenant-Général de S. M. Impériale.

BIBLIOTHEQUE NATIONALE DE FRANCE

www.ingramcontent.com/pod-product-compliance
Ingram Content Group UK Ltd.
Pitfield, Milton Keynes, MK11 3LW, UK
UKHW020141200726
13856UKWH00003B/790